Basel und Umgebung
Nachmittags-Ausflüge

D1729746

Inhalt

Phillipe Cruz / Loi To

Basel UND UMGEBUNG

Nachmittags-Ausflüge

EDITION LAN

Schiffe heben und senken

In Birsfelden bei Basel kann jedermann neben dem Kraftwerk beobachten, wie Schiffe geschleust werden, die im Mittel rund acht Meter Höhenunterschied überwinden, welche durch den Bau des Flusskraftwerks verursacht wurden. Birsfelden und Augst, das ebenfalls vom Kontrollturm zwischen den beiden Kammern ferngesteuert wird, sind die einzigen Schleusen in der Schweiz.

Drei Höhepunkte Ihrer Wanderung: Das Tinguely-Museum im Kleinbasel (links), die Überquerung des Rheins mit einer Fähre (rechts) und das Flusskraftwerk (unten)

Vom Bahnhof Basel SBB mit dem Tram 11 bis Aeschenplatz, weiter mit dem Tram 3 bis St. Alban-Tor.

A2 bis Ausfahrt Basel City, der Beschilderung Richtung Bahnhof folgen (nicht weit von der Ausfahrt). Parkhaus beim Bahnhof Basel SBB.

Landeskarte 1:25 000, Blatt 1047 «Basel» – noch besser wäre ein Stadtplan, den es beim Tourismusbüro gibt!

Kraftwerk Birsfelden AG
4127 Birsfelden
Tel. 061 317 77 11
www.kw-birsfelden.ch

Sie gehen fast ausschliesslich auf Hartbelag, folgen dem Ufer des Rheins, für Kinderwagen nicht möglich.

Fotos: Ronald Gohl

Vom Kleinbasler Ufer haben Sie eine prächtige Aussicht auf das Münster.

Mit dem Fährmann über den Rhein

Einen Höhepunkt Ihrer Uferwanderung am Rhein bildet das Kraftwerk Birsfelden, wohl eines der schönsten überhaupt. Der viel bewunderte, lichtdurchflutete Glasbau mit seinen Querstreben ist ein einmaliger Entwurf – vor allem, wenn man bedenkt, dass die Kraftwerksanlage Anfang der 1950er-Jahre errichtet wurde.

Sie beginnen Ihre Wanderung bei der Tramhaltestelle St. Alban-Tor, einen interessanten Turm aus der Zeit der Stadtbefestigung. Sie spazieren den St.-Alban-Berg hinunter zur Basler Papiermühle (www.papiermuseum.ch – ein Besuch lohnt sich!), es liegt nicht weit von der Rheinpromenade. Jetzt folgen Sie dem St.-Alban-Rheinweg flussaufwärts, unterqueren die moderne Schwarzwaldbrücke und erreichen den Birskopf. Auf der anderen Seite der hier in den Rhein mündenden Birs wandern Sie durch eine schöne Parkanlage, bis Sie nach einigen Schritten das erste Mal das Kraftwerk Birsfelden sehen. Der filigran wirkende Stauriegel über den Rhein dient Fussgängern und Radfahrern als Verbindung zwischen der Birsfelder und der Basler Rheinseite. Die Grenze zwischen den beiden Kantonen Baselland und Basel-Stadt befindet sich mitten auf dem Wehr. Das Kraftwerk nutzt die Strömung des Rheins zur Produktion von Elektrizität, damit deckt es rund 17 Prozent der von der Grossregion benötigten Energie. Basel wird zu praktisch 100 Prozent mit Strom aus Wasserkraftwerken versorgt.

Interessant für Kinder: Von einer Brücke beobachten Sie das Heben und Senken der Schiffe.

Als erstes sehen Sie die beiden 180 und 190 Meter langen Schleusen für die Schifffahrt. Wenn die Tanker, Frachtkähne, Personenschiffe oder Sportboote die Mittlere Brücke der Stadt Basel passiert haben, melden sie sich an. Die Schleusung einschliesslich Ein- und Ausfahrt dauert 20 Minuten. Informationen zu Themen rund um das Kraftwerk Birsfelden finden die Besucher auf elf Tafeln, die auf dem Gelände verteilt sind. Auch kostenlose Führungen sind, ausser am Wochenende und an Feiertagen, auf Voranmeldung möglich (Mindestteilnahme: acht Personen – Mindestalter: zehn Jahre). Die Schleusen sind allerdings nicht Bestandteil der rund eineinhalbstündigen Führung.

Dank der riesigen Glasfassade des Kraftwerks gewinnen Sie auch ohne Führung einen Einblick. Vier gigantische Kaplan-Turbinen

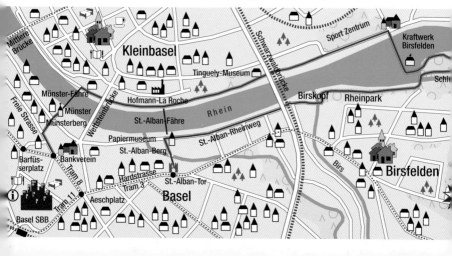

mit einem Durchmesser von über sieben Metern produzieren sauberen Strom. Sie drehen sich genau 68,2 mal pro Minute und erzeugen dabei eine maximale Leistung von 100 Megawatt. 157 Meter lang ist das angrenzende Wehr mit seinen fünf Windwerken. Überschüssiges Wasser, das nicht zu Strom verarbeitet werden kann, wird über das Wehr geleitet.

Sie setzen Ihre Wanderung am Basler Rheinufer fort. Zwischen dem Gehweg und dem Rhein erstreckt sich ein schmaler grüner Streifen, das älteste Naturschutzgebiet der Schweiz. Ihr Weg führt Sie wieder unter der Schwarzwaldbrücke hindurch direkt vor die Tore des Tinguely-Museums – die Ausstellung des verstorbenen Aktionskünstlers ist sehr lebendig gestaltet (Öffnungszeiten unter www.tinguely.ch). Sie schlendern weiter flussabwärts, kommen an der noblen Villa von Paul Sacher vorbei, gleich daneben der Industriekomplex seiner Firma, der Hoffmann-La Roche. Die Rheinpromenade wirkt trotz Fabrik keineswegs grau und trist, überall stehen Bäume und Ruhebänke. Nach einer schönen alten Häuserzeile unterqueren Sie die Wettsteinbrücke und steigen in die alte Holzfähre, die Sie über den Rhein zum Basler Münster bringt. Um die Fährmänner ranken in der Stadt Basel allerlei Legenden. Nach einem Aufstieg zur Münsterterrasse schlendern Sie den Münsterberg hinunter, gehen die Freie Strasse hinauf und nehmen am Bankverein das Tram 8 zurück zum Bahnhof.

Nach der Überquerung des Rheins mit einer kleinen Fähre steigen Sie unzählige Stufen zum Münster hinauf und geniessen die Aussicht von der Münsterterrasse.

Tierpark Lange Erlen

Der Ausflug in den Tierpark Lange Erlen zählt zu den beliebtesten Familien-freizeitzielen in Basel – vor allem, weil es die Tiere zum Nulltarif zu sehen gibt. Der Besuch des Tierparks mit seinen vielen einheimischen Tieren wie Fuchs, Luchs, Wildschwein oder der Uhu in seiner neuen grossen Voliere lässt sich prima mit einem schönen Spaziergang nach Weil am Rhein ver-binden. Zum Schluss winkt sogar noch der Sprung ins Erlebnisbad.

Ein seltener Poitou-Esel (links), Familien schätzen die gut ausgebauten Wege in den Langen Erlen (rechts). Unten: Restauriertes Fachwerkhaus in Weil am Rhein.

 Vom Bahnhof Basel SBB fahren Sie direkt mit dem Tram (Linie 2) zum Badi-schen Bahnhof.

 A2 bis Ausfahrt Basel Badi-scher Bahnhof. Beim Bahn-hof gibts einen Park+Ride. Mit etwas Glück hat es einen freien Parkplatz.

 Landeskarte 1:25 000, Blatt 1047 «Basel» – in Deutsch-land weniger gute Wegmar-kierungen

 Tierpark Lange Erlen
Erlenparkweg 110, 4058 Basel
Tel. 061 681 43 44
www.erlen-verein.ch

 Breite und gut begehbare Wege, beliebtes Familien-ausflugsziel – auch mit Kin-derwagenbuggy möglich

Fotos: Phillipe Cruz

Ihren Hunger und Durst können Sie unterwegs direkt am Fluss Wiese stillen. Luchs (rechts) und Wildkatze (links unten) sind sehr beliebt im Tierpark.

Über die Wiese nach Deutschland

Das Grossherzogtum Baden begann im März 1838 mit den Bauarbeiten an der Bahnlinie Mannheim–Freiburg. Am 27. Juli 1952 schloss die Schweiz mit Deutschland einen noch heute gültigen Staatsvertrag ab, welcher regelte, dass die Deutschen auf Schweizer Boden einen Bahnhof errichteten. Drei Jahre später konnte ein erster provisorischer Holzbahnhof auf dem Gelände der Mustermesse eröffnet werden. Der heutige Bahnhof der Deutschen Bahn an der Schwarzwaldallee wurde 1913 in Betrieb genommen. Er verfügt über zehn Gleise und befindet sich auch 100 Jahre nach seiner Fertigstellung praktisch noch im Originalzustand.

Direkt am Badischen Bahnhof beginnt Ihre Wanderung über die Langen Erlen nach Weil am Rhein in Deutschland. Weil Sie die Grenze überqueren, nehmen Sie am besten gültige Ausweispapiere mit. Vermutlich wird Sie niemand kontrollieren, denn die Zöllner haben andere Prioritäten als die Wanderer in den Langen Erlen zu beobachten. Sie unterqueren den grossen Bahnhof auf dem Trottoir eines Tunnels mit Oblichtern (Maulbeerstrasse) und zweigen nach dem zweiten Haus hinter dem Tunnelausgang rechts in die Strasse mit dem eigenartigen Namen «Im Surinam» ab. Ihr folgen Sie bis zur Fasanenstrasse, wo sich auch die Bushaltestelle befindet. Jetzt müssen Sie nur noch ein Bahndamm unterqueren, und schon befinden Sie sich im Tierpark Lange Erlen. Sie haben damit auch die letzten Häuser der Stadt Basel hinter sich gelassen. Die schön angelegten Wege und Stege im Tierpark mit seinen Teichen und Grünflächen lädt zu einem längeren Aufenthalt ein, so dass sich je nach Interesse an den Tieren die Wanderzeit verlän-

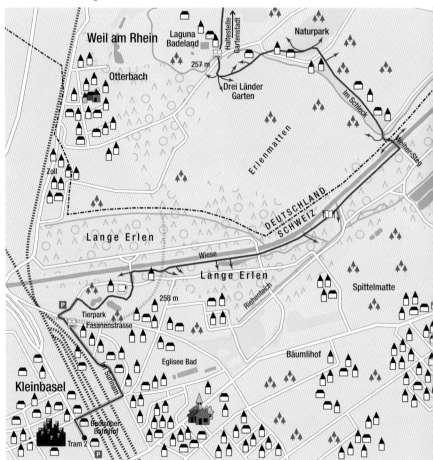

gert. Anschliessend wandern Sie ein gutes Stück flussaufwärts, bis Sie beim Weiher-Steg den Fluss Wiese überqueren. Am anderen Ufer sind Sie bereits in Deutschland. Sie folgen einer Quartierstrasse mit dem Namen «Am Schleck» und gelangen zu einem Naturpark, dort links und später über den «Drei Länder Garten» zum Lagua Badeland. Zurück nach Basel gelangen Sie entweder mit der Regio-S-Bahn ab Haltestelle Gartenstadt mit Umsteigen in Weil am Rhein – oder mit der Bus-Linie 55 ab Haltestelle Laguna.

Fotos: Phillipe Cruz

*Dieses lustige Wollschwein stammt ur-
sprünglich aus Österreich und Ungarn.*

*Der Weissstorch brütet auf mehreren Hors-
ten im April und Mai drei bis fünf Eier aus. Er
wird bis zu 30 Jahre alt.*

Kinderfreundlicher Tierpark

Der Tierpark Lange Erlen liegt nur
wenige Schritte hinter dem Badi-
schen Bahnhof auf der Kleinbasler
Seite. Am Erlenparkweg stehen einige Parkplätze zur Verfügung, der
Umwelt zuliebe nimmt man am
besten den BVB-Bus der Linie 36.
Er hält an der Fasanenstrasse, von
dort aus ist es nur noch ein Katzen-

sprung bis zum Tierpark. Dieser hat
das ganze Jahr täglich geöffnet,
von März bis Oktober von 8.00 bis
18.00 Uhr, in der Winterzeit bis
17.00 Uhr. Auch Rollstuhlfahrer
sieht man häufig im Tierpark, denn
die Wege sind ohne Hindernisse
befahrbar. Der Erlen-Verein küm-
mert sich um die Anlage. Wer mag,
kann Mitglied werden und diese
gute Sache unterstützen, auch
Tierpatenschaften sind möglich.
Kinder im Alter von 11–15 Jahren
können bei den Erlen-Kids in regel-
mässigen Einsätzen mithelfen,
Ponys, Esel und Ziegen zu betreu-
en. Ponyreiten gibts übrigens jeden
Sonntag zwischen 14.45 und 16.00
Uhr im Ponyring.
Infos: www.erlen-verein.ch

Marionetten Theater

In der Mitte der schönen historischen Basler Altstadt, unmittelbar links neben dem Münster mit Aussicht auf den Rhein, ist das Basler Marionetten Theater zu Hause. Dort im Gewölbe des ehemaligen Zehntenkellers treibt seit 1956 ein buntes Figurenensemble sein poesievolles Spiel. Sehr vielfältig ist das Repertoire der Bühne, welche nachmittags für Kinder und Familien und im Abendprogramm für Erwachsene spielt.

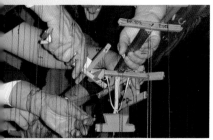

Es werden Märchen, Kinderbuchadaptionen sowie klassische und moderne Stücke und Dramen (bis zur Oper) in Hochdeutsch oder Dialekt gezeigt. Das Theater bleibt dabei dem klassischen Marionettenspiel verbunden. Aber die künstlerische Entwicklung hat gerade im Theater mit Figuren enorm viele neue Formen hervorgebracht, welche auch im BMT Einzug gehalten haben. Neben Fadenmarionetten werden auch andere Techniken gespielt: Tischfiguren, Stabfiguren, Grossfiguren, Marotten und Masken, Schattenfiguren und Handfiguren. So entstehen Inszenierungen voller reichhaltiger Darstellungsformen.

Im ältesten Kleintheater Basels wird jährlich eine Neuinszenierung erarbeitet, im Wechsel eine Abendproduktion und ein Kinderstück. 76 Inszenierungen sind so bisher entstanden! Daneben werden pro Saison mehrere Stücke aus dem breiten Repertoire wieder aufgenommen.

Basler Marionetten Theater
Münsterplatz 8, 4051 Basel
Tel. 061 261 06 12
www.bmtheater.ch

Fotos: Basler Marionetten Theater

Von «Abenteurern»

Die Ausstellung «Expeditionen» im Museum der Kulturen Basel widmet sich einigen bedeutenden Basler Persönlichkeiten, die einst auszogen, um die Welt zu entdecken, zu erforschen und zu dokumentieren. Sie brachten Anschauungsstücke und Trophäen mit nach Hause, die das Publikum damals faszinierten – und es nach wie vor tun.

Basel hat viele grosse Persönlichkeiten hervorgebracht, die Geschichte geschrieben haben. Zum Beispiel Paul Sarasin. Er war ein renommierter Naturforscher, hat den ersten Elefanten nach Basel gebracht und war Mitbegründer des Schweizerischen Nationalparks. Ende 19. Jahrhundert begab sich Paul Sarasin mit seinem Cousin Fritz Sarasin auf mehrere Expeditionen nach Ceylon, dem heutigen Sri Lanka, um zoologische und anthropologische Feldforschungen zu treiben. Die Ausstellung «Expeditionen» geht dem Forscher- und Sammlergeist von damals nach. Welches waren die Motive der Basler Gelehrten? Welche Ausbeute an Objekten und Bildern haben sie nach Basel gebracht? Und was gehen uns die Expeditionen heute noch an? Die aktuelle Ausstellung stellt die vielschichtigen Auswirkungen der Forschungsreisen ins Zentrum und gibt einen Einblick in den entbehrungsreichen Alltag von Paul und Fritz Sarasin sowie drei weiterer «Abenteurern».

Museum der Kulturen Basel
Münsterplatz 20, 4051 Basel
Tel. 061 266 56 00
www.mkb.ch

Fotos: MKB; Fotograf: Derek Li Wan Po

Ein Abstecher ins Elsass

In einer von sanften Hügeln umgebenen Landschaft liegt Oberwil im Zentrum des Leimentals, das von der Birsig durchflossen wird. In dieser beliebten Agglomeration leben inzwischen über 10 000 Menschen – sind es doch bis Basel lediglich fünf Kilometer. Ein knapp zweistündiger Spaziergang führt Sie über die französische Grenze ins benachbarte Allschwil.

Links: Im Wald von Oberwil finden Sie Tafeln über seltene Vögel. Rechts: Strassenschild in Frankreich. Unten: Vor dem Neuwiller Kirchtum zweigen Sie nach rechts ab.

 Mit dem Tram (Linie 10) vom Bahnhof Basel SBB bis nach Oberwil. Ab Allschwil Tram der Linie 6.

 J18 bis Ausfahrt Muttenz, übers Bruderholz nach Bottmingen, weiter nach Oberwil. Parkplätze beim Coop am Bahnhof.

 Landeskarte 1:25 000, Blätter 1067 «Arlesheim» und 1047 «Basel» – gut markierte Wege, ohne Karte machbar

 Gemeindeverwaltung
4104 Oberwil
Tel. 061 405 44 44
www.oberwil.ch

 Viel Hartbelag aber auch Naturwege im Wald. Mit einem Kinderwagenbuggy möglich.

Fotos: Phillipe Cruz

Buntes Farbenspiel im Frühjahr – zum Beispiel wenn im April an diesem Waldrand in Oberwil die gelben Rapsfelder blühen.

Unberührte Natur an der Grenze zu Frankreich

Mit einer Fläche von 789 Hektaren zählt Oberwil nicht zu den grössten, aber auch nicht zu den kleinsten Baselbieter Gemeinden – sie befindet sich ungefähr im Mittelfeld. Dreht man das Rad der Geschichte nur 150 Jahre zurück, so sah es in Oberwil noch ganz anders aus. Damals widmeten sich die meisten Einwohner noch der Landwirtschaft, die Bauern waren meist Selbstversorger und lebten in einer in sich geschlossenen Welt. Noch heute kennt man die «Hochzeits-Spanne». Wenn ein auswärtiger Freier eine Frau aus dem Dorf heiratet, so ist das heute schon ungewöhnlich. Der alte Brauch will es so, dass der Bräutigam ein Lösegeld, welches sich nach seinem Gewicht errechnet, bezahlen muss. Zum Teil wird dieser alte Brauch noch heute praktiziert.

Oberwil grenzt im Westen an Frankreich. Genau dorthin führt Ihre heutige Wanderung. Sie beginnen diese bei der Tramstation Oberwil im Zentrum. Hier haben Sie im Coop Gelegenheit, ihren Rucksack für die Wanderung zu füllen. Danach schlendern Sie der Hauptstrasse entlang, bis Sie der gelbe Wanderwegweiser ins Schmiedengässlein führt. Beim Wirtshaus Rössli könnten Sie sich nochmals stärken, auf das nächste Restaurant treffen Sie erst im Elsass. Bei der Einmündung des Schmiedengässleins in die Hohlegasse wenden Sie sich nach rechts. Jetzt folgen sie ungefähr 200

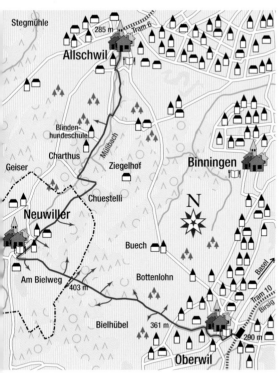

Meter der Hohlegasse und zweigen anschliessend links in die Neuwillerstrasse. Jetzt können Sie auf dem weiteren Weg nach Frankreich nicht mehr falsch gehen. In einem sanften Bogen führt Sie der Weg durch ein Einfamilienhausquartier und nach rund 15 Gehminuten umgeben Sie bereits weite Felder. Sie ändern die Richtung nicht und überqueren unbemerkt die fanzösische Grenze.

Dort, wo der Wald bei Chuestelli anfängt, befindet Sie sich wieder in der Schweiz.

Erst die Schilder im Ort Neuwiller verraten Ihnen, dass Sie nicht mehr in der Schweiz sind. Mitten im Dorf schwenken Sie nach rechts und folgen dem Feldweg nun in nordöstlicher Richtung. Nachdem Sie wieder in der Schweiz und damit im Allschwiler Wald sind, nehmen Sie den ZickzackSchwenk zum Mülibach und sehen oben auf dem Hügel die Blindenhundeschule. Mehr oder weniger dem Bach entlang gehts nun bis ins Dorfzentrum von Allschwil. Ihre Wanderung führt bis zur Endstation des 6er-Trams.

Anspruchsvolle Feinschmecker treffen sich in der Oberwiler Wirtschaft Rössli. Ein Tipp vor oder nach der Wanderung.

Blindenhundeschule

Nur wenige hundert Meter nach der französischen Grenze auf einem Hügel über dem Allschwiler Wald gibts ein kleines Tierparadies. In der Blindenhundeschule werden Labrador-Retriever auf ihre verantwortungsvolle Aufgabe als Blindenführhund ausgebildet. Dabei fehlt es ihnen an nichts, und das Gelände ist zudem komplett rollstuhlgängig.

1972 wurde in Allschwil die Stiftung Schweizerische Schule für Blindenführhunde gegründet. Zu ihren wichtigsten Aufgaben gehört die Zucht und Ausbildung von

Blindenführhunden. Im neuen Gebäude, das 2003 bezogen werden konnte, werden auch Trainer für Blindenführhunde ausgebildet. Führungen finden jeweils am ersten Samstag eines Monats um 15.00 Uhr statt (Dauer 2 h, kostenlos). Dabei kommen Sie auch in Kontakt mit den Hunden, die Tiere dürfen gestreichelt werden.

Infos:
www.blindenhundeschule.ch

Nach den letzten Häusern

Manche sagen, dass die Stadt Basel bis Oberwil reicht, und alle westlichen Gebiete im Leimental zur Landschaft gehören. Das ist natürlich nicht richtig, denn Oberwil ist Teil des Kantons Basel Landschaft. Wer jedoch von Oberwil über Biel-Benken nach Flüh wandert, erhält genau diesen Eindruck. Schluss mit Siedlungsarchitektur – weites Land, Pferde und ländliche Bauerngehöfte erwarten die Spaziergänger.

Oben: Blick übers Leimental in Richtung Flüh – im Hintergrund Witterswilerberg, Blaue und Challhöchi. Unten: Dorfbrunnen in der Nähe der Kirche von Oberwil.

 Mit dem Tram (Linie 10) vom Bahnhof Basel SBB bis nach Oberwil. Rückfahrt mit dem gleichen Tram ab Flüh.

 J18 bis Ausfahrt Muttenz, übers Bruderholz nach Bottmingen, weiter nach Oberwil. Parkplätze beim Coop am Bahnhof.

 Landeskarte 1:25 000, Blatt 1067 «Arlesheim» – die Wegweiser sind an einigen Orten versteckt angebracht.

 Gemeindeverwaltung
4105 Biel-Benken
Tel. 061 726 82 82
www.biel-benken.ch

 Der Weg im Wald ist steinig und schmal, sonst Hartbelag und schattenlose Feldwege.

Fotos: Phillipe Cruz

Pferdegestüte wie im Jura gibts in Biel-Benken und in Bättwil – meist sind es Pensionspferde von Städtern, die regelmässig zum Reiten ins Leimental kommen.

Aufgepasst vor dem Friedhof

In der Schweiz gibt es drei Biel: Die bekannte Stadt am Jura-Südfuss, ein kleines Bergdorf im Goms sowie die Vorortssiedlung Biel-Benken im Leimental. «Biel-Bängge» nennen die Einheimischen ihr Dorf, allerdings gibt es mittlerweile mehr Zuzüger als «Dörfler», denn der Ort gilt als beliebte Wohngemeinde, in welcher in den letzten Jahrzehnten viele Einfamilienhäuser gebaut wurden. Ursprünglich bestand die Gemeinde aus zwei Teilen. Die beiden alemannischen Siedlungen gehörten den Rittern von Schaler, welche ihre Eigentümer 1526 an die Stadt Basel verkauften. Zu jener Zeit musste das Leimental wohl noch ganz anders ausgesehen haben – wild, bewaldet, einsam.

Sie beginnen Ihre Wanderung in Oberwil und nehmen zunächst den gleichen Weg wie auf der Route nach Allschwil (Seite 14). Bei der Kreuzung Neuwillerstrasse/Hohestrasse zweigen Sie allerdings links ab. Kurz vor dem Friedhof heisst es aufgepasst. Die Strasse ist so angelegt, dass sie die Spaziergänger in einem Bogen in die falsche Richtung weist. Auch den Wegweiser sieht man nicht auf Anhieb. Sie müssen hier rechts abzweigen, um weiter auf der Hohestrasse zum Friedhof zu gelangen. Den Friedhof lassen Sie rasch hinter sich und nach dem Wäldchen erhaschen Sie zu Ihrer Linken einen ersten schönen Ausblick übers Leimental. Sie sind

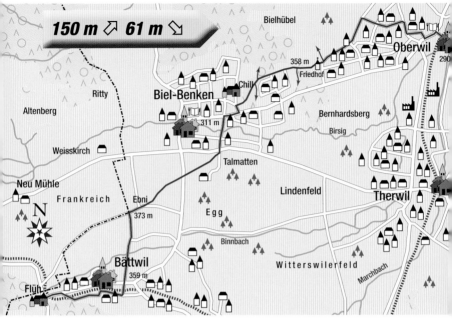

hier bereits in Biel-Benken und spazieren an einigen modernen, und vermutlich nicht gerade günstigen Einfamilienhäusern vorbei zum Wald von Chill. Diesen durchqueren Sie auf einem nicht gerade kinderwagengängigen Weg. Sie kommen zur Hauptstrasse, die

weiter westwärts in einem Bogen in die Eichgasse mündet. Das Trottoir verlassen Sie bei der Kreuzung Therwilerstrasse. Hier lassen Sie den Verkehr hinter sich und marschieren dem Flursträsschen entlang über freie Felder. Auf der Anhöhe von Egg gelangen Sie bei Ebni zum höchsten Punkt Ihrer Wanderung (373 m ü. M.). Es folgt der Abstieg ins Dorf Bättwil. Nachdem zuerst die Hauptstrasse und danach das Tramgleis überquert ist, folgen Sie dem Weg entlang den Schienen bis nach Flüh. Von dort aus fahren Sie mit dem «10er» zurück.

Auf den Wegen kurz vor Bättwil begegnen sich Wanderer und Reiter.

21

Oben: Weites, fruchtbares Ackerland erstreckt sich zwischen Bättwil und Biel-Benken.
Unten: Auf der Linie 10 setzt die BLT ihre modernsten Tango-Trams ein.

Kloster und Burg

Im äussersten Zipfel des Baselbiets beginnt Ihre Wanderung in der Gemeinde Rodersdorf, die auf drei Seiten von Frankreich umschlossen wird. Eine Kulturwanderung führt Sie zunächst über Metzerlen zur mittelalterlichen Burg Rotberg, in welcher man mit etwas Glück sogar einen Schlafplatz findet – um sich Jahrhunderte zurück ins Mittelalter zu versetzen. Später besichtigen Sie noch das Benediktinerkloster Mariastein.

Weites Rapsfeld oberhalb von Flüh (links), die Gemeindeverwaltung in Metzerlen (rechts) und das Schiff der Wallfahrtskirche Mariastein (unten)

 Mit dem Tram (Linie 10) vom Bahnhof Basel SBB bis Rodersdorf. Rückfahrt mit dem gleichen Tram ab Flüh.

 J18 bis Ausfahrt Muttenz, übers Bruderholz nach Bottmingen, via Flüh nach Rodersdorf. Wenige Parkplätze bei der Tram-Endstation.

 Landeskarte 1:25 000, Blätter 1066 «Rodersdorf» und 1067 «Arlesheim» – gut markierte Wege

 Gemeindeverwaltung
4116 Metzerlen
Tel. 061 731 15 20
www.metzerlen.ch

 Wander- und Waldwege, teilweise steil, wenig Hartbelag – nicht mit Kinderwagen geeignet

Fotos: Phillipe Cruz

Die Klosterkirche der Benediktinerabtei in Mariastein wurde 1655 eingeweiht und seither mehrmals umgebaut. Sie weist eine dreischiffige Basilika auf.

Ein kulturgeschichtlicher Erlebnistag

Der erste Höhepunkt Ihres heutigen Ausflugs ist die Reise mit der längsten Tramlinie Europas. Die 25,6 Kilometer lange Überlandstrecke des «10ers» führt von Dornach über Basel nach Rodersdorf. Das Tram darf gleich noch einen weiteren Rekord für sich verbuchen: Die zwei aneinandergekoppelten Gelenkwagen mit einer Länge von 50 Metern gelten als längstes Tram der Schweiz. Die Fahrt vom Bahnhof Basel SBB mit der gelben Strassenbahn bis nach Rodersdorf dauert 46 Minuten und führt streckenweise über schönste Wiesenlandschaften.

Rodersdorf ist ein kleines und gemütliches Dorf mit wenigen Häusern und knapp 1300 Einwohnern. Hier lebt es sich ländlich, geografisch eindeutig Frankreich zugewandt, denn gegen die Schweiz versperrt ein Berg die Sicht. Genau auf diesen Hügel, schlicht Berg genant, führt Ihre Wanderung. Sie spazieren zunächst ein kleines Stück auf der Strasse, alsbald zweigt ein Waldweg vom Asphalt ab und ein steiler, im Hochsommer zum Glück schattiger Aufstieg bringt Sie 135 Meter höher. Dort erwartet Sie ganz überraschend ein weit ausladendes Hochplateau. Sie wandern auf einem kleinen Weglein parallel zur Hauptstrasse bis ins Dorf Metzerlen. Die gelben Wegweiser führen Sie durch den Ort mit seinen schönen alten Bauernhäusern. Durch ein Quartiersträsschen gelangen Sie weiter bis zum Waldrand. Diesem folgen Sie nun in östlicher Richtung bis zum herrschaftlichen Gehöft von Rotberg. Hier sollten Sie sich für einen Abstecher hinauf zur Burg entscheiden, es gilt auf einem Waldweg nur 29 Höhenmeter zu überwinden. Oben erhalten Sie nicht nur einen Eindruck von dem

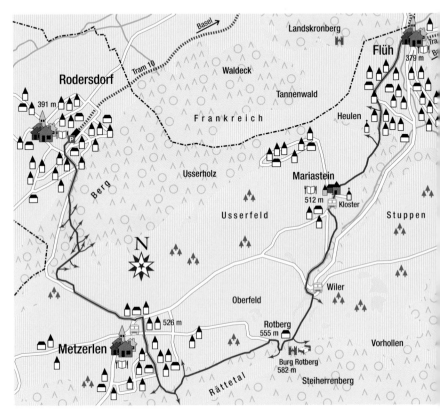

mittelalterlichen Gemäuer, sondern auch einen tollen Panorama-blick über Ihre Wanderregion. Wieder unten beim Gehöft schlagen Sie die Richtung nach Mariastein ein – achten Sie dabei auf die Karte und die Wegführung. In Mariastein erwartet Sie das nächste Highlight; ein berühmter Wallfahrtsort. Hier soll einst ein Hirten-junge von einer Klippe gestürzt und unten unversehrt wieder auf-gestanden sein. Der Vater erbaute zum Dank eine Kapelle in einer Höhle – der Grundstein für die heutige Klosteranlage.

Nach so viel Geschichte bleibt noch der Abstieg durch den Wald – Achten Sie auf die Felsklippen! – und durch Einfamilienhausquar-tiere bis zur Tramhaltestelle (Linie 10) in Flüh.

Ihr Wanderziel, das kleine Dörfchen Flüh, liegt direkt an der französischen Grenze.

Ein kleiner, lohnender Abstecher führt Sie zur mittelalterlichen Burg Rotberg.

Burg Rotberg

An Ihrem heutigen Wanderweg liegt eine richtige und vollständig erhaltene Ritterburg. Die Geschichte der Rotberg reicht bis ins 15. Jahrhundert zurück, als sie 1413 erstmals urkundlich erwähnt wurde. Ein Ritter von Rotberg soll hier gewohnt haben – als seine Nachfahren zu Amt und Würden kamen,

zog es sie in die Stadt Basel, wo sie komfortabler wohnen konnten. In den folgenden Jahrhunderten zerfiel die Burg immer mehr und wurde sogar als Steinbruch benutzt. Erst als in der Weltwirtschaftskrise in den 1930er-Jahren arbeitslose Jugendliche begannen die einstige Festung wieder aufzubauen, ging es mit der Burg Rotberg wieder aufwärts. Heute präsentiert sie sich im mittelalterlichen Gewand und dient als Jugendherberge. Meist werden die insgesamt 80 Betten weniger von Familien sondern von Gruppen genutzt.

Weitere Infos:
www.youthhostel.ch/mariastein

Hinauf zur alten Burg

Ein Dorfladen, drei Gasthäuser und 24 Gewerbebetriebe soll es gemäss den Angaben auf der Homepage in der Gemeinde Blauen geben. Das kleine, landschaftlich reizvoll gelegene Dorf auf einer Sonnenterrasse über dem Laufental wird in nur 30 Minuten mit dem Auto (Fahrtrichtung Laufen) von Basel aus erreicht. Dabei gilt es die Abzweigung kurz hinter dem Talort Zwingen zu beachten.

Zunächst auf Hartbelag, später auf einem Waldweg, wandern Sie vorbei an einer herrlich offenen Landschaft mit Obstplantagen und Ackerbewirtschaftung.

 S3 bis Zwingen, weiter mit dem Postauto nach Blauen – Verbindungen nur am frühen und späten Nachmittag

 J18 bis Aesch, weiter auf der Hauptstrasse bis Zwingen, Parkplatz am Bahnhof benützen und ins Postauto umsteigen

 Landeskarte 1:25 000, Blatt 1067 «Arlesheim» oder Wanderkarte 1:50 000, Blatt 213 T «Basel»

 Gemeindeverwaltung
4223 Blauen
Tel. 061 761 17 73
www.blauen.ch

 Leicht – bis Nenzlingen Hartbelag, Teilstrecke Nenzlingen–Pfeffingen Waldweg

Fotos: Ronald Gohl

Idyllisch ländlich wirkt das Dorf Blauen – Ihr Ausgangspunkt der Wanderung nach Pfeffingen. Die Pfarrkirche St. Martin wurde im Jahre 1726 gebaut.

Kirschbäume säumen den Weg

Blauen auf 533 m ü. M. zählt heute rund 700 Einwohner, es liegt traumhaft schön am Südhang des gleichnamigen, 837 Meter hohen Berges. Das 7,13 Quadratkilometer grosse Gemeindegebiet besteht zu 60 Prozent aus Waldflächen, 34 Prozent werden landwirtschaftlich bewirtschaftet und lediglich sechs Prozent sind besiedelt. Obwohl Sie so nahe bei der Stadt sind, wirkt Blauen ländlich und verträumt. Hier scheint noch jeder jeden zu kennen, und es wird viel Wert auf alte Bräuche wie das Fasnachtsfeuer, das Eierläset oder die Bannbegehung (die Einwohner schreiten gemeinsam die Gemeindegrenzen ab) gelegt. Die Geschichte des kleinen Ortes ist interessant und reicht gemäss den ältesten Aufzeichnungen bis ins Jahr 1147 zurück. Blauen wechselte mehrmals den Besitzer: Mal gehörte es dem Deutschen König, dann wieder dem französischen Elsass – und schliesslich gefiel es den Einwohnern von Blauen auch nicht mehr beim Kanton Bern. In den 1990er-Jahren sprach sich das Stimmvolk für einen Kantonswechsel zu Baselland aus. Ihre Wanderung beginnt beim Postautowendeplatz im Dorfzentrum. Sie nehmen die Dorfstrasse, welche links am Brunnen vorbei leicht bergauf führt. Nachdem Sie die letzten Häuser hinter sich gelassen haben, kommen Sie zur Weggabelung Blattenweg. Hier folgen Sie dem Wegweiser Richtung Nenzlingen und wandern

Nach der französischen Revolution gehörte Blauen zum Elsass, 1815 wurde es dem Kanton Bern zugeschlagen, 1994 folgte ein Wechsel zu Baselland.

auf der schmalen, asphaltierten Strasse über Oberfeld und Räben zum Gasthaus Bergheim. Von hier aus gehts stetig leicht bergab an schönen Kirschbaumplantagen vorbei dem Dörfchen Nenzlingen entgegen. Beim Bauernhof Vor Langg hat die Firma Ricola (Hustenbonbons) einen hübschen Kräutergarten angelegt. In Nenzlingen ist Halbzeit. Vielleicht löschen Sie Ihren Durst im Dorfgasthof, oder Sie wandern gleich weiter und folgen dem Wegweiser nach Aesch. Dazu gehen Sie links zur Kirche hinauf und anschliessend zum Waldrand hinüber. Wenig später durchqueren Sie ein Felsband, das sich von der Eggflue bis zur Birs hinunterzieht. Sie gehen rund eine Viertelstunde im Wald und geniessen im Sommer den willkommenen Schatten. Nach der Grossi Weid entdecken Sie sogar einige Reben, und kurze Zeit später freuen sich Ihre Kinder sicher über den Besuch der Ruine Pfeffingen. Der Abstieg nach Pfeffingen führt übers Schlossguet. Bei der Post nehmen Sie den BLT-Bus bis zum Bahnhof Dornach-Arlesheim, von wo aus Sie mit der S3 zurück nach Zwingen fahren.

Als wäre die Zeit spurlos an der Landschaft vorbeigegangen: 1408 übernahmen die Herren von Rotberg vom deutschen König Ruprecht das Dorf Blauen.

Vier Ruinen im Wald

Auf einem gegen Süden zu steil abfallenden Felssporn liegt die mächtige mittelalterliche Burgruine Pfeffingen. Sie ist von Norden, also vom Dorf Pfeffingen, leicht zugänglich – und die Rundwanderung lässt sich mit dem Besuch von drei weiteren Ruinen kombinieren. Kinder sollten nicht unbeaufsichtigt in den Ruinen spielen, denn es besteht Absturzgefahr. Die kühle Waldwanderung eignet sich auch für heisse Sommertage.

Klettereinlage, mit der nötigen Vorsicht, auf der Ruine Alt-Schalberg – Beschilderung mit geschnitzten Wegweisern und die Ruine Pfeffingen von Süden aus betrachtet.

 Vom Bahnhof Basel SBB mit dem Tram 11 bis Endstation Aesch, weiter mit dem Bus 65 bis Pfeffingen

 J18 bis Ausfahrt Aesch – etwa 200 m nach der Endstation des Trams rechts nach Pfeffingen abzweigen. Wenige Parkplätze im Dorf

 Landeskarte 1:25 000, Blatt 1067 «Arlesheim» oder Wanderkarte 1:50 000, Blatt 213 T «Basel»

 Gemeindeverwaltung
4148 Pfeffingen
Tel. 061 756 81 20
www.pfeffingen.ch

 Mittelschwer – teils steiniger und schmaler Weg – Kinder in den Ruinen im Auge behalten

Fotos: Ronald Gohl

Nach einem kleinen Aufstieg gleich zu Beginn der Wanderung erreichen Sie den Waldrand und wenig später die Burgruine Pfeffingen.

Eine nur schwer einzunehmende Burg

Sie beginnen Ihren Ausflug im gelben BLT-Tram der Linie 11, welches Sie direkt vom Bahnhof SBB nach Aesch führt. Dort steigen Sie in den Bus der Linie 65 nach Pfeffingen um. Dies erspart Ihnen den kleinen Aufstieg bis in die wohlhabende Villensiedlung über dem Birstal. Bei der Pfarrkirche nehmen Sie die Strasse links, welche an schönen Einfamilienhäusern vorbei durch Wiesen zum Schlossgut hinaufführt.

Hier fehlen nur noch wenige Höhenmeter bis zur stattlichen Ruine, welche im 11. Jahrhundert von einer edlen Familie, den Freiherren von Soyhière, zur Verwaltung ihrer ausgedehnten Güter erbaut wurde. Nach dem grossen Erdbeben von Basel im Jahre 1356 bauten die Besitzer ihre Burg wieder auf und erweiterten sie durch die Zwingeranlage im Westen. Sie durchstreifen die ausgedehnten Ruinen. Der mehrstöckige Wohnturm vermittelt einen Eindruck von der einstigen Stattlichkeit der Festung. Zwei Zugänge, einer im Osten und einer im Westen, führen über einen Halsgraben und durch einen Zwinger in die nur schwer einzunehmende Burg. Nach der Besichtigung gehen Sie zurück zum Fahrsträsschen unter der Burg und folgen dem Burgengratweg durch den Hollenwald hinunter zum Pfeffinger Ortsteil Chlyfegg. Ihre Tour führt Sie zu drei weiteren sehenswerten Ruinen, allesamt mit einer prächtigen

Weintrauben am Chlusberg

Im sonnigen und trockenen Birstal werden auch Weintrauben ange-pflanzt, grössere Rebberge findet man in Arlesheim, Aesch und Pfeffingen. Vor allem am Chlus-berg, der zur Gemeinde Aesch ge-hört, reifen Blauburgunder, Ries-ling/Sylvaner, Gutedel und Königs-gutedel. Schon seit Generationen pflegen hier mehrere Familienbe-triebe ihre Rebstöcke. Als in den 1950er-Jahren verheerende Frühjahrs-Frostschäden viele Pflanzen zerstörten, beschlossen die Winzer den unteren Teil ihrer Rebberge künstlich zu beheizen.

Imposanter Innenraum der ehemaligen Burg Pfeffingen, die Zwischenböden sind längst zusammengebrochen.

Ab August sehen Sie auf Ihrer Wanderung zahlreiche gereifte Blauburgundertrauben.

Diese Anlage wurde später aus Umweltschutzgründen wieder aus-gebaut. Ein Rebberg muss das ganze Jahr unterhalten werden – selbst im Januar, wenn der Reben-schnitt erfolgt. Die Familie Fanti bietet nebst Weinverkauf auch Führungen durch ihren Rebberg mit anschliessender Degustation.

Weitere Informationen:
www.weinbau-monikafanti.ch

Aussicht auf die Stadt Basel und ihre Vororte. Bei der Weg-
kreuzung Chlyfegg nehmen Sie den schmalen Waldpfad, welcher
Sie zum nächsten Zwischenziel, der Ruine Münchsberg, hinüber-
führt. Diese erreichen Sie erst nach einem kleineren Aufstieg im
Wald. Sie ist auch nicht auf Anhieb zu finden, denn die spärlichen
Mauerreste liegen auf einem Hügel zu Ihrer rechten Seite. Ein
Trampelpfad führt zur Ruine hinauf, die Sie schnell besichtigt ha-
ben. Die Burg Münchsberg wurde in der zweiten Hälfte des 13.
Jahrhunderts von einem Konrad Münch III. als Eigengut erbaut.
Sie setzen Ihren Weg fort und erreichen bald die Ruine Engenstein,

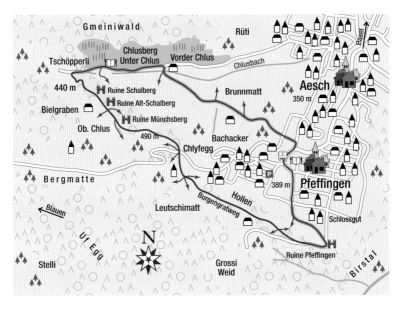

auch Alt-Schalberg genannt. Sie lässt sich auf einer lotrechten
Eisenleiter besteigen, ein nicht ganz ungefährliches Unternehmen.
Ihre dritte Burg, die Schalberg, folgt nach wenigen Gehminuten.
Sie liegt auf einem Felssporn oberhalb Unter Chlus und wurde
beim Erdbeben von 1356 ebenfalls zerstört. Nachdem man sie wie-
der aufgebaut hatte, bleiben leider der Zeitpunkt der späteren
Aufgabe und das weitere Schicksal im Dunkeln.
Sie steigen den Waldweg nach Unter Chlus hinab, wo sich ein
Restaurant befindet. Nun bleibt nur noch der Rückweg entlang der
Rebberge bis Vorder Chlus, wo Sie den Chlusbach überqueren und
über einen aussichtsreichen Weg zurück an Ihrem Ausgangspunkt
Pfeffingen gelangen.

In der Reinacherheide

Es gab eine Zeit, da suchte sich die Birs noch ihren eigenen Weg durch die Flussauen zwischen den Dörfern Dornach, Arlesheim, Aesch und Reinach. Die Siedlungen lagen in der Höhe, denn die Talsohle war oft von Überschwemmungen betroffen. Erst als die Birs im 19. Jahrhundert korrigiert wurde, fand sie ihr heutiges Flussbett und die umliegenden Lebensräume konnten vorwiegend durch die Industrie besiedelt werden.

Wilde Wasser und Heidwege zwischen zwei Agglomerationen – die Birs, welche von mehreren Brücken überspannt wird, ist ein beliebtes Naherholungsgebiet.

 Mit dem Tram (Linie 11) vom Bahnhof Basel SBB direkt bis Endstation Aesch-Dorf (ca. 27 min)

 J18 bis Ausfahrt Aesch. Gebührenpflichtige Parkplätze gibts am SBB-Bahnhof – in unmittelbarer Nähe des Birsufers.

 Landeskarte 1:25 000, Blatt 1067 «Arlesheim» oder Wanderkarte 1:50 000, Blatt 213 T «Basel»

 Gemeindeverwaltung
4144 Arlesheim
Tel. 061 706 95 55
www.arlesheim.ch

 Am Birsufer breite Kieswege, im Bereich der Siedlungen Trottoirs – für Kinderwagen ungeeignet

Fotos: Phillipe Cruz

Die Reinacherheide ist eine Naturoase, in welcher über 600 Pflanzenarten gezählt wurden. Gleichzeitig gilt sie als wichtigstes Grundwasserschutzgebiet der Region.

Entlang dem Birsuferweg

Ausgangspunkt Ihrer Wanderung durch die Reinacherheide und den benachbarten Widenacker ist die Endhaltestelle des 11ers – ein gelbes Tram der Baselland Transport AG. Von der Gleisschlaufe folgen Sie zunächst ein kurzes Stück der Hauptstrasse in Richtung Süden, biegen links in die Jurastrasse ein und folgen den Wegweisern zur Birs. Sie überqueren die J18-Schnellstrasse und gelangen über eine Treppe an den Uferweg. Von jetzt an wandern Sie flussabwärts, dicht am Wasser. Während den ersten Schritten begleitet Sie noch der Lärm der Autobahn, doch schon bald wird es ruhiger. Zwischen Ihnen und der J18 liegt jetzt eine Industriezone. Sie schlendern weiter dem Ufer entlang, bis Sie zu einer modernen Holzbrücke kommen, über welche Sie zu einem grossen Fabrikationsgelände am anderen Ufer gelangen könnten. Kein Bedarf, es geht also weiter flussabwärts bis nach Dornachbrugg, wo Sie zur Abwechslung mal kein Industriequartier, sondern eine Minigolfanlage erwatet. Lust auf ein Spiel? Schon eher …
Sehenswert ist in Dornachbrugg die mit Kopfsteinpflastern belegte mittelalterliche Birsbrücke und das gleich daran anschliessende mächtige Wehr. Auf dem nun folgenden Wegabschnitt lassen Sie Industriebauten und andere Verkehrswege hinter sich und Sie geniessen das «wilde» Teilstück entlang der Birs. Sie haben die

Reinacherheide erreicht, das zu den wertvollsten Naturschutzgebieten des Kantons Baselland gehört. Nach der Birskorrektur
senkte sich der Grundwasserspiegel um mehrere Meter und es
konnte die typische trockene Heidelandschaft entstehen, welche
noch heute die Besucher fasziniert. Bis Mitte des 20. Jahrhunderts
hatte man wenig Sinn für solche Natur-Kleinode. Die Reinacherheide wurde in dieser Zeit für den Sand- und Kiesabbau und die
Landwirtschaft genutzt oder für Freizeitanlagen gebraucht. Erst
Mitte der 1970er-Jahre, nachdem das Naturschutzgebiet eingerichtet wurde, kehrte Ruhe ein und die Landschaft konnte sich
wieder erholen. Neben dor-
nenreichen Trockengebü-
schen findet der Natur-
freund hier Magerwiesen
mit Orchideen, Auenwald
und schattig-kühles Feucht-
gebüsch. Der Wanderweg
verläuft einmal im dichten
Wald, dann wieder auf of-
fenen Heideflächen. Bei der
Weggabelung halten Sie
sich rechts und erhaschen
später einen Blick auf die
Stromschnellen der Birs. Die
erste Brücke lassen Sie rechts
liegen und Sie folgen dem
Weg weiter flussabwärts.
Erst bei der Kanalstrasse
überqueren Sie kurz vor
einer grösseren Kiesgrube
die Birs. Hier haben Sie
einen herrlichen Ausblick
auf einige Inseln, welche im

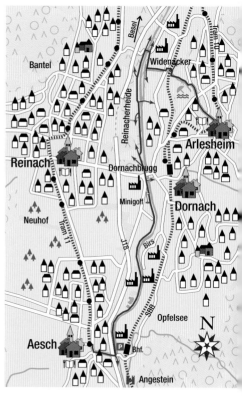

Hochsommer gern zum Sonnen genutzt werden. Sie wandern jetzt
wenige Schritte wieder flussaufwärts und queren dann auf einem
Kiesweg den Widenacker. Aufmerksame Naturbeobachter entdecken vielleicht seltene Ackerwildkräuter, die hier blühen. Sie unterqueren die SBB-Gleise, steigen den Wald hinauf zum Schwimmbad
(für Kids interessant) und gelangen schliesslich ins Dorf Arlesheim,
von wo aus Sie mit dem Tram (Linie 10) nach Basel zurückfahren.

Das Birsufer bietet beschauliche Orte, scheinbar weit weg von jeder Siedlung ...

... und gleichzeitig findet man in Dornachbrugg auch ein imposantes Flusskraftwerk.

Dom Arlesheim

Die Geschichte der Gemeinde Arlesheim ist eng mit ihrem Dom verknüpft. Mehr als 100 Jahre lang (1679–1792) war das Dorf Sitz des Domkapitels des Bistum Basels. Der grosse Dom konnte 1681 vom Bischof geweiht werden, 80 Jahre später installierte Johann Andreas Silbermann (1712–1783) seine

klangvolle Orgel im Gotteshaus, die noch heute einwandfrei funktioniert. Sie ist die letzte ihrer Art in der Schweiz und ist bezüglich ihres Klangs einzigartig. Insgesamt hat der Orgelbauer aus dem Elsass rund 40 Orgeln gebaut, die meisten davon stehen heute unter Denkmalschutz. Nicht nur die Silbermannorgel, auch der Dom erlebte in Arlesheim eine wechselvolle Geschichte, so wurde er während der französischen Revolution als Pferdestall genutzt.
http://domfreunde.squarespace.com

Burgen, Ruinen, Höhlen

Zwischen Arlesheim und Dornach gibt es eine vor allem bei Familien sehr beliebte Wanderung, die zu geheimnisvollen Höhlen und Burgen führt. Noch vor hundert Jahren erhob sich über den Buchenwäldern Arlesheims die seit dem 18. Jahrhundert zerfallene Ruine Reichenstein. Heute findet man am gleichen Ort eine perfekt erhaltene Burg von ritterlichem Ausmass. Wie kam es dazu?

Die während der französischen Revolution zerstörte Burg Dorneck (links), Wanderweg in der Ermitage (rechts) und Blick aus dem Höhlenloch der Hohlen Felsen (unten)

 Mit dem Tram (Linie 10) vom Bahnhof Basel SBB bis zu Haltestelle Arlesheim Brown Boveri

 Tram benützen, es gibt am Ausgangspunkt keine Parkmöglichkeiten – ggf. in Arlesheim Dorf parken und mit Tram zum Ausgangspunkt

 Landeskarte 1:25 000, Blatt 1067 «Arlesheim» oder Wanderkarte 1:50 000, Blatt 213 T «Basel»

 Gemeindeverwaltung
4144 Arlesheim
Tel. 061 706 95 55
www.arlesheim.ch

 Zwei steile und steinige Aufstiege, nur mit griffigen Schuhen – Wege zum Teil exponiert

Aus dem Buchenwald ragt die wieder aufgebaute Burg Reichenstein – Sie kann für Familienfeste und andere Veranstaltungen gemietet werden.

Ein Paradies für Kinder

Der Wiederaufbau des Reichensteiner Stammsitzes begann im Jahre 1932 durch den damaligen Ciba-Verwaltungsratspräsidenten (heute Novartis) Dr. Jacques Brodbeck-Sandreuter, der sich die Burg zum Sommersitz ausbaute. Leider entspricht das heutige Aussehen nicht dem der einstigen Burg Reichenstein, von der es aus dem Jahre 1499 noch eine Zeichnung gibt.

Sie beginnen Ihre Burgenwanderung bei der Tram-Haltestelle Brown Boveri. Dort beginnt Ihr erster Aufstieg. Zunächst gehts auf einer Brücke über die Tramstrecke, anschliessend durch Einfamilienhaussiedlungen und über die Strasse hinauf zum Wald. Sie folgen nun dem Waldrand (Spazierweg im Wald, nicht die parallel dazu verlaufende Strasse benützen) über Spitalholz bis zum Rebberg über den Dächern von Arlesheim. Nachdem Sie einigen noblen Villen in die Gärten geschaut haben, nehmen Sie den steilen Aufstieg zu den Hohlen Felsen in Angriff – ein idealer Rastplatz mit Feuerstelle und drei kleinen Höhlen, welche von den Kids gerne erkundet werden. Frisch gestärkt nehmen Sie die letzte Steigung bis zur Burg Reichenstein. Diese gehört heute der Gemeinde Arlesheim und kann für Gesellschaftsanlässe gemietet werden. Die Innenräume lassen sich leider nicht besichtigen. Bis zu Ihrer nächsten Burg sind es von hier aus nur wenige Minuten.

Burgruine Dorneck

zum Rest. Schlosshof · Ställe · Grosses Bollwerk · Pulverturm · Kapellenturm · Zwillingsturm · Fussweg zum Schiesstand · Hof der Vorburg · Sodschacht · Zentraler Hof · Halsgraben · Vorwerk · Kleines Bollwerk · Inneres Tor · Wohntrakt · Hexenturm · Mittleres Tor · Äusseres Tor · Rundturm · Zwingeranlage

Die Belagerung während des Schwabenkrieges im Sommer 1499 überstand die Dorneck ohne grössere Schäden. Während der folgenden 300 Jahre residierten 60 Vögte auf der Dorneck. Bis zu seinem Untergang am 2. März 1798 blieb das Schloss Dorneck eine gut ausgebaute Festung der Solothurner. Die Burg fiel in die Hände der Franzosen, welche sie plünderten und niederbrannten. Die Kugeln in der Mauer wurden als symbolische Zeichen der Abwehr bewusst eingemauert.

Auf das Wasser der Ermitage führt ein hölzerner Steg, wo Sie Fische im Wasser beobachten können. Die Ruine Dorneck ist ein Paradies für kleine Forscher.

Nach einer umfangreichen Renovation lässt sich die Schlossruine Birseck wieder besichtigen. Sie hat von Mitte Mai bis Ende September jeweils am Mittwoch und am Sonntag Nachmittag ihre Tore (14.00 bis 17.00 Uhr) geöffnet.

Es folgt der wohl spannendste Abschnitt Ihrer Wanderung – der Abstieg über Spitzkehren, Felsenwege und Grotten in die Ermitage. Der romantische englische Garten breitet sich über das ganze Tal aus. Im grossen Weiher lassen sich Fische beobachten, hoch oben thront die Schlossruine Birseck – Idylle pur. Beim zweiten, kleineren Weiher im hinteren Teil der Ermitage steht der nächste Aufstieg auf dem Programm. Sie steigen durch eine bewaldete Kerbe bis zum Grossacker hinauf und erreichen den Schlosshof hoch über dem Dorf Dornach. Auf der Sonnenterrasse des Restaurants geniessen Sie nicht nur eine Erfrischung, sondern auch das Panorama über die «Birstaler Riviera» mit den Millionärsdörfern Arlesheim und Dornach. Das markante, zyklo-pische Gebäude, auf welches Sie staunend hinabblicken, ist nicht von Ausserirdischen errichtet worden. Es handelt sich um das Goetheanum, der Stammsitz der antroposophischen Gesellschaft. Ihr Interesse gilt mehr der Ruine Dorneck, die sich nur wenige Meter unterhalb des Schlosshofes befindet. Diese können Sie nach Herzenslust erkunden: den Turm besteigen, in den dunklen Sod-brunnen spähen oder ihre sich versteckenden Kinder suchen. Sie benützen schliesslich den Fuss-weg (nicht als Wanderweg ausgeschildert), der hinter der Ruine und unterhalb der Felsen zum Schiessstand bei Riederen führt. Dort steigen Sie ins Postauto, welches zum Bahnhof Dornach fährt. Mit dem «10er» gelangen Sie zurück nach Basel.

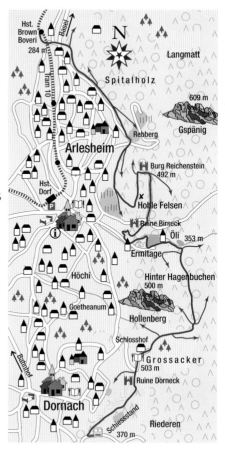

Burgen und Berge

Auf Ihrer heutigen Wanderung unternehmen Sie eine kleine Zeitreise ins Mittelalter – und entdecken dabei fünf Burgen und Schlösser. Sie wandern von Muttenz nach Pratteln – nicht schnurgerade entlang der Tramschienen, wie man auch könnte – sondern Sie lernen das Hügel- und Hinterland der beiden Gemeinden kennen und staunen, wie viel urtümliches Kulturland es doch so nah der Stadt noch gibt.

Der Dorfkern von Muttenz (links) weist eine Zeile schönster Baselbieter Bauernhäuser auf. Über aussichtsreiche Wanderwege gelangen Sie zur Ruine Schauenburg (unten).

 Vom Bahnhof Basel SBB mit dem Tram (Linie 8) bis Aeschenplatz, umsteigen in den 14er Richtung Pratteln

 A2 bis Ausfahrt Pratteln, weiter Richtung Pratteln, auf der grossen Kreuzung rechts, Hauptstrasse bis Muttenz, Parkplätze im Dorfzentrum

 Landeskarte 1:25 000, Blatt 1067 «Arlesheim» oder Wanderkarte 1:50 000, Blatt 213 T «Basel»

 Gemeindeverwaltung
4132 Muttenz
Tel. 061 466 62 62
www.muttenz.ch

 Steile Waldwege, geruhsame Feldwege, dazwischen auch mal Hartbelag – nur mit guten Schuhen

Fotos: Phillipe Cruz

Hoch oben auf den Zinnen der Burgruine Wartenberg geniessen Sie die Aussicht über Schweizerhalle und die Stadt Basel bis zu den Vogesen und zum Schwarzwald.

Drei Burgen in 500 Meter Entfernung

Zugegeben, gerade zimperlich dürfen Sie bezüglich Höhenmeter nicht sein, denn auf Ihrer heutigen Wanderung gehts zünftig bergauf und bergab. Nachdem Sie in Muttenz-Dorf aus dem Tram gestiegen sind, spazieren Sie zunächst die Hauptstrasse hinauf und bewundern den intakten Dorfkern. Eine Blick hinter die Ring-mauern der mittelalterlichen St. Arbogastkirche sei ebenfalls emp-fohlen. Nebst Wandmalereien aus dem Jahre 1513 erwarten Sie eine Grenzsteinsammlung und ein Beinhaus.

Nach diesem kulturhistorischen Auftakt beginnt Ihr Aufstieg, dazu folgen Sie den Wegweisern entlang der Burggasse in Richtung Wartenberg. Zunächst spazieren Sie noch gemächlich an Einfa-milienhäusern vorbei, später gehts dann steiler den Wald hinauf. Das Besondere am Wartenberg ist, dass es kein zweites Mal auf der Welt in einer Distanz von nur 500 Metern gleich drei Burgen zu bewundern gibt, nämlich die vordere, die mittlere und die hintere Ruine Wartenberg. Zunächst kommen Sie zur vorderen Ruine, die grösste der drei Burganlagen. Nach einem kleinen Rundgang be-geben Sie sich auf den Turmweg und gelangen zur mittleren Ruine. Sie liegt auf dem höchsten Punkt (479 m ü. M.). Seit 1956 eine Aussichtsterrasse erstellt wurde, gilt sie als beliebtes Ausflugs-ziel mit faszinierendem Weitblick. Auf dem südlichsten Sporn des Wartenbergs können Sie dann noch einen kleinen Abstecher zur

hintere Ruine, die aus einem komplett erhaltenen Rundturm samt
Dach besteht, unternehmen. Den drei Burgen wurde auch eine
Website gewidmet: www.wartenberg.ch
Nun wandern Sie hoch über dem Tal entlang dem Wald zum
Reithof und Restaurant Egglisgraben. Dort stechen Sie rechts in
den Wald und folgen dem Wanderweg über Moderholden und
Horn (Karte konsultieren, komplizierte Wegführung) zum Berghof,
wo Sie die Ruine Neu Schauenburg entdecken. Wann diese Burg
erbaut wurde, kann heute nicht genau belegt werden, jedenfalls

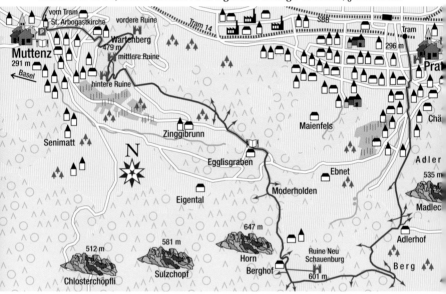

wurde sie nach dem grossen Erdbeben von Basel wieder aufge-
baut. Kurze Zeit später starb der letzte Schauenburger. In der
Folge wechselte die Burg häufig ihre Besitzer, verkam und wurde
seit dem 15. Jahrhundert nicht mehr bewohnt. Dass sie heute eine
Ruine ist, kann keinem Krieg zu Lasten gelegt werden – mangeln-
der Unterhalt führten zum Zerfall. Tief im Wald im Norden gäbe es
noch die Mauerreste der Alt Schauenburg. Sie wurde nach dem
Basler Erdbeben jedoch nicht mehr aufgebaut.
Ihre Wanderung führt weiter nach Osten bis zu den Wiesen von
Berg. Dort drehen Sie sich um 180 Grad und spazieren nun gemüt-
lich auf einem guten Weg über den Adlerhof zum Madlechöpfli.
Sie wandern links dem bewaldeten Berg entlang und gelangen
schon bald zu den ersten Einfamilienhäusern von Pratteln. Die
Endstation des 14er-Trams ist von hier aus nicht mehr weit.

Oben: Sehenswerte St. Arbogastkirche (evang.-ref.) mit Ringmauer in Muttenz Unten: Das Innere der mittleren Burguine Wartenberg ist begehbar.

Schloss Pratteln

Das fünfte Schloss, das heute an Ihrem Weg liegt, entdecken Sie im Dorfzentrum von Pratteln – es ist gleichzeitig auch das Schönste, weil es noch vollständig erhalten ist. Als mittelalterliche Burg erbauten die Herren von Eptingen um 1275 diese Festung. Sie gehörten einst zu den mächtigsten Rittern der Nordwestschweiz. Nach dem Basler Erdbeben vom 18. Oktober 1356 lag auch das ehemalige Weiherschloss in Trümmern. Es wurde wieder aufgebaut, 28 Jahre später durch die Basler niedergebrannt, erneut instand gestellt und

1468 im Sundgauerkrieg durch die Solothurner nochmals angezündet. Doch die Eigentümer liessen sich nicht beeindrucken und bauten das Schloss zum dritten Mal auf. 1773 erwarb die Gemeinde Pratteln das Anwesen, schüttete die Wassergräben zu und verwendete es später als Armenhaus. Heute können Sie eine Führung durch das renovierte Schloss buchen oder die gediegenen Räume für Anlässe mieten. Infos: www.kulturpratteln.ch

Zum Gempenturm

Durch enge Kurven und waldiges Gebiet schlängelt sich die Strasse von Dornach nach Gempen. Auf knapp 700 m ü. M. angekommen, öffnet sich Ihnen ein sonniges und weitläufiges Hochplateau. Diese Landschaft ist der Ausgangspunkt Ihrer Wanderung. Sie steigen zunächst zum Gempenturm hinauf, der an einer steilen Felsklippe nur Schwindelfreie zu einem noch höheren Landschaftsgenuss einlädt.

Der Gempenturm ist Anziehungspunkt von vielen Wandervögeln, egal ob Rentner-gruppe oder Schulklasse. Vorsicht: Die Schartenflue ist feslig und exponiert.

 S3 oder Tram Linie 10 bis Bahnhof Dornach-Arles-heim, weiter mit dem Bus bis Gempen-Dorf

 J18 bis Ausfahrt Reinach-Süd, weiter über Dornach-brugg und Dornach Dorf bis Gempen. Wenige Parkplätze hinter der Gemeindekanzlei.

 Landeskarte 1:25 000, Blatt 1067 «Arlesheim» oder Wanderkarte 1:50 000, Blatt 213 T «Basel»

 Gemeindekanzlei
4145 Gempen SO
Tel. 061 701 86 26
www.gempen.ch

 Leicht – meist auf Hartbe-lag, einige Abschnitte auf Wald und Feldwegen, die trittfeste Schuhe erfordern!

Fotos: Ronald Gohl

Nach einem kurzen Abstieg über einen wurzligen Waldpfad erreichen Sie bei Baumgarten einen gemütlichen Wanderweg entlang von hochstämmigen Kirschbäumen.

Lohnende Ausblicke vom privaten Stahlturm

All jene, die mit den öffentlichen Verkehrsmitteln unterwegs sind, haben bei dieser Wanderung einen klaren Vorteil: Sie müssen sich, am Wanderziel angelangt, nicht um die komplizierte Rückfahrt mit mehrmaligem Umsteigen kümmern. Auch das Parkplatzproblem im Dorf Gempen ist kein Thema.

Wie auch immer Sie angereist sind: Vom Dorfplatz Gempen aus spazieren Sie zunächst durch den Dorfkern nordwärts, später an einigen Einfamilienhäusern vorbei bis zum Punkt 707, wo sich die Strasse verzweigt. Sie halten sich links und folgen dem Wegweiser zur Schartenflue. Nach einem rund zehnminütigen Waldbummel erreichen Sie das Ausflugsrestaurant auf 759 m ü. M. Sie können noch höher steigen, denn der 28 Meter hohe Gempenturm verspricht lohnende Ausblicke bis weit ins Elsass und in den Schwarzwald hinüber. Der 1897 erbaute Stahlturm gehört Sara Stämpfli vom benachbarten Restaurant – nur Schwindelfreie steigen über die fünf Plattformen bis zur Kanzel hinauf.

Ihre nächste Wanderetappe beschert Ihnen einen etwas ruppigen Abstieg durch den Wald. Kurz vor dem Waldrand zweigen Sie rechts auf eine Forststrasse ab, 600 Meter weiter östlich nehmen Sie den nächsten Querweg und gehen bis zum Punkt 628, wo Sie die Teerstrasse erreichen. Hier gehts scharf nach rechts und schon

spazieren Sie über Bärtel zu den Stollenhäusern hinüber. Der nächste Abschnitt über Haselstuden zur Schönmatt ist besonders im Frühjahr sehr schön, wenn Hunderte von Kirschbäumen blühen. Die Gartenwirtschaft Schönmatt lädt zu einem kühlen Getränk ein, anschliessend wandern Sie bis zum Waldrand hinunter. Bei Eichmatt gabelt sich der Weg, Sie nehmen das für Motorfahrzeuge verbotene Strässchen nach Muttenz und steigen in der nächsten halben Stunde durch dichten Wald ab.

Im Winter gibt es hier zwei tolle Schlittelwege, der eine führt über dieses Strässchen nach Muttenz, der andere über die Gobenmatt und Ermitage nach Arlesheim.

Im oberen Ängental lassen Sie die letzten Bäume hinter sich, und nun gehts zunächst durch landwirtschaftlich genutze Wiesen. Vom Wartenberg grüsst die gleichnamige Burg, und an ihrer Südseite gedeihen sogar Reben. Bereits haben Sie die ersten Einfamilienhäuser und Villen an dieser bevorzugten Wohnlage erreicht. Es bleibt der Bummel durch den schön herausgeputzten Dorfkern von Muttenz, von wo aus Sie mit dem Tram Nr. 14 zurück nach Basel bzw. weiter nach Dornach/Gempen (Tram Nr. 10 und Bus Nr. 67) fahren.

83 m ↗ 468 m ↘

Wanderziel Muttenz erreicht: Der alte Dorfkern ist vorbildlich restauriert.

28 m hoch ist der 1897 erbaute Gempenturm – nur für Schwindelfreie

Robinson-Spielplatz Muttenz

Schon seit über 50 Jahren gibt es den Robinson-Spielplatz in Muttenz in der Nähe der Stadt Basel. Hier engagieren sich zahlreiche Helfer, um den Kindern viel Freude und Wissen mit dem Spielplatz zu vermitteln. Im Robinsonareal können Kinder werken, gestalten und ihre Freiräume ausleben. Natürlich ist der Robinson-Spielplatz keine gewöhnliche Anlage mit lieblos von Erwachsenen oder Architekturplanern aufgestellten Spielgeräten. Hier haben die Kids selber Hütten zusammengezimmert und daraus ist Robiville entstanden – eine Art Dorf mit bunten Hütten aller Art. Sogar ein zweistöckiges Gebäude mit Wendeltreppe gibt es im Dorfzentrum. Ob hier kleine Architekten am Werk waren, die später richtige Häuser bauten?
Während des Jahres gibt es verschiedene Feste und Spektakel. Dazu gehören zum Beispiel das Kinderfest, das Feuerspektakel, Fasnacht, das beliebte Spaghetti-Essen oder das Robilager. Faszinierend ist auch die Robi-Bahn (kostenpflichtige Mitfahrt). Der Robinson-Spielplatz am Hardacker 6 hat jeweils am Mittwoch Vor- und Nachmittag, am Freitag Nachmittag und am Samstag ab 10.00 Uhr geöffnet, Eintritt wird nicht verlangt – alle Kinder können das Areal kostenlos nutzen.

Infos: www.robinson-spielplatz.ch

Löwen am Bauernhof

Es gibt innovative Landwirte, welche Lamas, Alpakas, Strausse, ja sogar Dromedare halten. Haben Sie jedoch schon einmal Tiger und Leoparden am Bauernhof gesehen? Auf dem Dornhof oberhalb von Olsberg muht nicht die Kuh, hier lässt das ohrenbetäubende Gebrüll von mehreren Tigern die Wanderer erschaudern. Wer es genauer wissen will, unternimmt den kleinen Abstecher zur Sennweid und kommt aus dem Staunen nicht heraus.

Traumhaft schön ist die Wanderung im Herbst, wenn sich das Laub goldgelb verfärbt – keine Angst, den Löwen begegnen Sie nicht ausserhalb der sicheren Gehege.

 Mit InterRegio oder S3 bis Sissach, weiter mit dem Niederflurbus (Linie 106) bis Haltestelle Hinteregg

 A2 bis Ausfahrt Sissach, weiter über die Hauptstrasse zum Bahnhof, wo es Parkplätze gibt. Mit dem Bus gelangen Sie nach Hinteregg.

 Landeskarte 1:25 000, Blatt 1068 «Sissach» oder Wanderkarte 1:50 000, Blatt 214 T «Liestal»

 Gemeindeverwaltung
4305 Olsberg
Tel. 061 841 13 63
www.olsberg.ch

 Leicht - steinige Waldwege, nur mit guten Schuhen, teilweise auch Hartbelag, mehrere Aufstiege

Fotos: Loi To

Gut auf diesem Bild ist die Dreifelderwirtschaft zu erkennen, welche seit dem Mittelalter praktiziert wird. Hochstämmige Obstbäume spenden zusätzlichen Ertrag.

Eine nicht ganz alltägliche Wanderung

Alle, die ein Extrazückerchen für ihre Kinder benötigen, damit sie überhaupt mitkommen, liegen bei dieser Wanderung goldrichtig. Denn als Belohnung winkt ein Besuch bei wilden Tigern und Leoparden!

Sie beginnen Ihre Wanderung beim Bahnhof Sissach, wo Sie Ihr Auto parken oder von der Bahn in den Bus umsteigen. Mit dem BLT-Bus (Linie 106) überwinden Sie rund 200 Höhenmeter bis zur Haltestelle Hinteregg. Ihre Kinder danken es Ihnen, dass Sie den Bus genommen haben – und sind vielleicht zum optionalen Aufstieg zur Sissacherfluh (zusätzlich 98 Höhenmeter und 45 min Wanderzeit für den Hin- und Rückweg) zu bewegen. Auf 700 m ü. M. erwartet Sie nicht nur eine grandiose Aussicht aufs Ergolztal, sondern auch ein hübsch gelegenes Ausflugsbeizli für den ersten Durst.

Anschliessend spazieren Sie auf dem gleichen Weg hinunter und folgen bei der Kreuzung Hinteregg dem Wegweiser in Richtung Hersberg. Sie spazieren durch den Hardwald und freuen sich über den Schatten, in welchen man an sommerlich heissen Tagen so gerne flüchtet. Hier gehts ein wenig rauf und runter, bei Grimstellucke blicken Sie durch die Bäume auf den stattlichen Baselbieter Weiler Nusshof hinunter. Sie sind auf 599 m ü. M. angelangt: Ihr Wanderweg steigt leicht an, um dann etwas steiler bergab zu

Ihrem nächsten Etappenort Hersberg zu gelangen. Hier halten Sie bei der ersten Strassenkreuzung rechts, marschieren durchs Dorf, biegen nochmals rechts und gleich wieder links ab und kommen nun, dem Wanderweg folgend, an Einfamilienhäusern vorbei zum Wald hinauf. Zwischen den Hügeln Eilete und Halmet erreichen Sie schliesslich das Olsberger Täli. Hier steigen Sie Richtung Olsberg ab und dürfen dabei die Abzweigung zur Sennweid nicht verpassen, damit Ihre Kinder die versprochene Belohnung einlösen können. In Jürg Jennys grosser, öffentlich zugänglicher Raubtierfreianlage entdecken Sie mehrere Tiger und Leoparden. Der Dompteur arbeitet übrigens ohne Einschüchterung der Tiere – nicht gegenseitige Angst sondern Vertrauen prägen das Verhältnis zwischen Mensch und Raubkatze. Die öffentlichen Proben mit den Tieren werden in der grossen Raubtierhalle gezeigt.

Von der Sennweid wandern Sie über das Restaurant Dornhof (Dienstag Ruhetag) und Detmet nach Magden, von wo aus Sie mit Postauto und Bahn über Gelterkinden (umsteigen) zurück nach Sissach fahren.

Rechts oben: Der Dompteur darf keine Zweifel lassen, wer der Boss in der Manege ist!
Unten: Nachdem Sie aus dem Spärgacherwald gekommen sind, blicken Sie auf Sennweid.

Tiger auf der Sennweid

Tiger, Löwen, Panther und andere Raubkatzen haben es nicht leicht in der Schweiz. Niemand will sie mehr im Zirkus, seit Tierschützer auf die nicht artgerechte Haltung hingewiesen haben. Was aber ist mit den Grosskatzen und ihren Dompteuren passiert? Sie haben zum Beispiel bei Jürg Jenny auf der Sennweid bei Olsberg oder bei René Strickler in Subingen SO eine neue Heimat gefunden. Um Verhaltensstörungen bei den Tieren entgegenzuwirken, bietet Jenny seinen Tigern und Leoparden weitläufige Gehege, welche an vorbildliche Zoohaltung erinnern. Damit die intelligenten Tiere auch gefordert werden, beschäftigt sie der

tipp:

Dompteur zusätzlich mit dem Einstudieren von Vorführungen, welche vom Publikum jeden Sonntag um 11.00 Uhr besucht werden können. Der Eintritt ist frei, Jenny dankt jedoch für einen kleinen Beitrag in die Futterkasse.

Infos: www.dornhof-magden.ch

Der Panoramaberg

Schon von Sissach aus erkennen Sie den markanten Felsen der Sissacher-fluh – ein beliebtes Ausflugsziel im Kanton Baselland. Sie steigen jedoch nicht von Sissach auf, sondern fahren zunächst mit dem Bus nach Winter-singen. Eine Abkürzungsmöglichkeit bestünde, wenn Sie bei der Haltestelle Hinteregg zur Wanderung starten – in diesem Fall verpassen Sie aber das hübsche Dörfchen Wintersingen und den schönen Weg über Rehfels.

Vom typischen Baselbieter Dorf Wintersingen steigen Sie zunächst gemächlich, später steiler hinauf zur Sissacherfluh. Unterwegs treffen Sie auf so manches Kleinod.

Mit InterRegio oder S3 bis Sissach, weiter mit dem Niederflurbus (Linie 106) bis Wintersingen-Post

A2 bis Ausfahrt Sissach, wei-ter über die Hauptstrasse zum Bahnhof, wo es Parkplätze gibt. Mit dem Bus gelangen Sie nach Wintersingen.

Landeskarte 1:25 000, Blatt 1068 «Sissach» oder Wanderkarte 1:50 000, Blatt 214 T «Liestal»

Gemeindeverwaltung
4451 Wintersingen
Tel. 061 976 96 50
www.wintersingen.ch

Steil bergauf und bergab, teils schmale Waldwege, nach Regenfällen matschig – nur mit griffigen Schuhen

Fotos: Phillipe Cruz

Eine grandiose Aussicht auf die umliegenden Berge und Täler geniessen Sie von der 700 Meter hoch gelegenen Sissacherfluh – der ideale Ort für eine Rast.

Von Ruine zu Ruine auf dem Chienberg

Der Chienberg ist ein bewaldeter, 741 Meter hoher Bergrücken im Norden der Gemeinden Sissach und Böckten. Einst diente diese Warte zur Sicherung des Unteren Hauensteinpasses, so entstanden im Laufe der Jahrhunderte eine ganze Reihe von Festungen auf der Anhöhe über Sissach, zum Beispiel die Burgen Itkon und Bischofstein oder die Wehranlage Sissacherfluh.
Ausgangspunkt für Ihre Wanderung ist der Bahnhof Sissach, wo Sie in den Bus nach Wintersingen steigen. Dies gilt auch für Autofahrer, denn in Wintersingen stehen keine Parkplätze zur Verfügung. Umso besser ist der Bahnhof Sissach damit ausgestattet. Die Fahrt dauert nur 16 Minuten, bei der Post in Wintersingen steigen Sie aus. Gleich bei der Bushaltestelle ist ein erster Wegweiser angebracht, eine Stunde dauert der Aufstieg zur Sissacherfluh. Zunächst folgen Sie ein kurzer Stück der Hauptstrasse und achten auf die Abzweigung rechts, anschliessend wandern Sie über die Strasse Chalbermatt, vorbei an Kirsch- und Apfelbäumen bergwärts. Ihr Weg führt über Rehfels kontinuierlich, aber nicht steil, zur Strasse hinauf. Diese queren Sie, gelangen zum Waldrand und später wieder zur Strasse. Dort zweigen Sie bei der Bushaltestelle links auf die geteerte Zufahrt zur Sissacherfluh ab. Von Montag bis Samstag herrscht hier reger Ausflugsverkehr, am Sonntag ist die

Sissacherfluh

An Sonntagen kann die Sissacherfluh nur zu Fuss erreicht werden –
entweder auf dem in diesem
Kapitel beschriebenen Wanderweg
– oder, wer es kürzer mag, ab der
Haltestelle Hinteregg an der
Strasse nach Wintersingen. Von
dort aus sind es pro Weg 20
Minuten bis auf den 700 Meter
hoch gelegenen Panoramaplatz.
Die Sissacherfluh wartet mit einer
reizvollen Aussicht auf. Auf einer
schön angelegten Plattform werden Ihnen Ruhebänke und eine
Panoramatafel geboten, damit Sie
im Bild sind, welche Berge sich vor

Entlang dem bewaldeten Chienberg gelangen Sie weiter zur Ruine Bischofstein.

Nach der Burg folgt ein teilweise steiler, aber
schöner Abstieg hinunter nach Böckten.

Ihnen erheben. Für Speis und Trank
sorgt das Restaurant Sissacherfluh,
das sich nur wenige Schritte nördlich der Aussichtsplattform befindet. Der Betrieb ist das ganze Jahr
täglich geöffnet, denn die Sissacherfluh ist beliebt und Ausgangspunkt zahlreicher schöner Wanderungen. Im Wald können die
Mauerreste einer ehemaligen Burg
entdeckt werden.

Infos: www.sissacherfluh.ch

Strasse für Motorfahrzeuge gesperrt. Auf 700 m ü. M. angekommen, gelangen Sie zunächst zu den Mauerresten des Refugiums (Wehrsiedlung), danach zum Restaurant und schliesslich zur Aussichtsplattform. Zur Geschichte der Wehrsiedlung ist wenig bekannt, eine zwei Meter dicke Mauer mit Turm und Tor schützten die Bewohner vor den Feinden. Im 30-jährigen Krieg wurde die Anlage als Hochwacht genutzt. Sie setzen Ihre Wanderung auf einem schmalen Höhenweg entlang des bewaldeten Chienbergs fort und erreichen nach rund einer halben Stunde die Ruine Bischofstein. Ihre Vergangenheit liegt weniger im Dunkeln. Sie wurde um 1250 von der Familie von Itkon an die Herren von Eptingen vererbt, wie das älteste Dokument belegt. Ende des 15. Jahrhunderts gaben die letzten Besitzer ihre Burg auf und sie zerfiel zur Ruine. Erhalten geblieben ist der mächtige Bergfried sowie zahlreiche Mauerreste, welche den Grundriss der Burg verraten. Von der Ruine Bischofstein wandern Sie zunächst Richtung Osten und nehmen oberhalb des Hofs Wisler den steilen Abstieg nach Böckten unter die Füsse (Karte konsultieren). Er führt sie zunächst durch den Wald, später entlang dem Waldrand. Unterhalb vom Hof Wibaum erreichen Sie die ersten Einfamilienhäuser. Sie unterqueren die Bahngleise und gelangen zur Bushaltestelle. Die Linie 105 bringt Sie in nur sieben Minuten zurück zum Bahnhof Sissach.

Dem Himmel viel näher

Himmelried muss das Paradies auf Erden sein – wenigstens, wenn man dem Namen Glauben schenkt. Doch Petrus Pforte befindet sich nicht hier, dafür entdecken Neugierige ein hübsches Dorf mit einer paradiesischen Aussicht. Also doch! Kein Wunder, dass sich Himmelried in den letzten Jahrzehnten einer grossen Zuwanderung von Städtern und guten Steuerzahlern erfreuen durfte, die sich hier ihr Paradies im Grünen errichteten.

Höhenzüge, so weit das Auge reicht, viel Landwirtschaft mit weidenden Kühen – nicht nur rund um den Hof Deitel am Südhang des Homberg.

 Mit der S3 von Basel nach Grellingen, dort weiter mit dem Postauto (Linie 1744) nach Himmelried-Post

 J18 bis Grellingen, über die Birs und hinter dem Bahnhof hinauf nach Himmelried. Es gibt nur wenige Parkplätze (ÖV benützen).

 Landeskarte 1:25 000, Blatt 1087 «Passwang» oder Wanderkarte 1:50 000, Blatt 223 T «Delémont»

 Gemeindeverwaltung
4204 Himmelried
Tel. 061 741 17 78
www.himmelried.ch

 Meist auf Feld- und Schotterwegen, für Kinderwagen nicht geeignet – immer wieder bergauf und bergab

Ihr Ausgangspunkt der Wanderung – der Dorfplatz von Himmelried auf 662 m ü. M.
1850 lebten 434 Menschen in Himmelried, 2012 waren es mehr als doppelt so viele.

Jenseits der blauen Berge

In Himmelried zu wohnen, ist gar nicht mal so abwägig – auch
wenn man wegen der Abgeschiedenheit zunächst den Eindruck erhält, hier sagen sich Fuchs und Hase Gutenacht. Doch wie so oft
trügt der erste Augenschein, denn Himmelried verfügt über eine
gute Anbindung an den öffentlichen Verkehr. Das Postauto fährt
zwar nur jede Stunde, dafür ist man in einer guten halben Stunde
mitten in der Stadt Basel. Morgens und abends gibt es sogar einen
Halbstundentakt. Nachteil: Der letzte Bus erreicht Himmelried um
20.43 Uhr. Wer also in den «Ausgang» will, muss ein Auto haben.
Ihre Wanderung beginnt bei der Post, der Endhaltestelle des
Postautos. Bis zum Dorfplatz mit der 1800 erbauten Kirche sind es
von hier aus nur wenige Schritte. Die Bauernhäuser im alten
Ortskern stammen ebenfalls aus dem 18. und 19. Jahrhundert. Der
Wegweiser auf dem Dorfplatz ist nicht mit Ihrem Wanderziel
Bretzwil angeschrieben. Sie folgen zunächst dem Weg in Richtung
Seewen. Auf Hartbelag gehts zunächst der Seewenstrasse entlang,
vorbei an schön gelegenen Einfamilienhäusern. Hier sollte man
wohnen, denkt der eine oder andere Wanderer begeistert – was für
eine Aussicht über die Hügelzüge des Blauen und der Challhöchi!
Auf der Höhe von Neumatt verlassen Sie das Teersträsschen und
wandern weiter leicht ansteigend über den Bauernhof Moos und

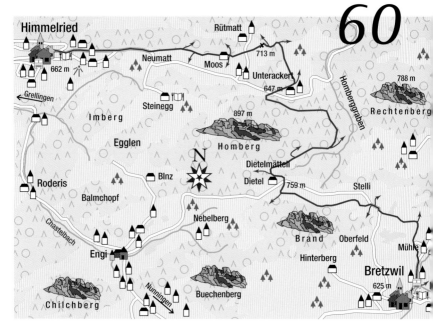

Vom Kanton Solothurn (Himmelried) in den Kanton Baselland (Bretzwil)

Dieser idyllische Dorfbrunnen in Himmelried liegt direkt am Wanderweg.

ein kurzes Stück übers freie Feld bis zum Waldrand, wo Sie 713 m ü. M. erreicht haben. Jetzt folgt ein kurzer Abstieg, zunächst durch den Wald, bis zum Gut Unterackert. Hier sollten Sie zum ersten Mal die mitgebrachte Wanderkarte aufschlagen, damit Sie nicht falsch gehen und nach Seewen statt nach Bretzwil gelangen. Nach Unterackert queren Sie das Fahrsträsschen und verschwinden im Wald. Jetzt folgt im Hochsommer ein besonders willkommenes Wegstück durch den Hombergerforst. Da sich hier einige Wege kreuzen, behält man die Karte am besten gleich in der Hand. Wieder an der prallen Sonne, spazieren Sie übers Dietelmättli zum Hof Dietel, dem höchsten Punkt Ihrer heutigen Wanderung (759 m ü. M.). Kann sein, dass der frei laufende Hofhund bellt – Angst sollte man vor dem Kläffer nicht zeigen, am besten freundlich zuredend vorbeigehen. Nach dem Hof kreuzen Sie wieder die Strasse, zweigen kurz vor dem Waldrand links ab und spazieren nun auf dem schön angelegten und markierten Wanderweg hinunter nach Bretzwil. Bis zur Bushaltestelle Dorf folgen Sie noch ein kurzes Stück der Hauptstrasse. Via Grellingen fahren Sie in einer knappen halben Stunde mit dem Postauto zurück nach Himmelried

tipp:

Bergrestaurant Steinegg

Foto: Phillipe Cruz

Den ersten Durst können Sie bereits in Himmelried löschen. Direkt am Wanderweg liegt der Landgasthof Pflug mit einer gemütlichen Gartenbeiz. Wenn Sie es uriger mögen, so legen Sie zuerst ein kurzes Wegstück zurück und zweigen auf der Höhe von Neumatt von der Wanderroute rechts ab, d.h. Sie folgen dem Fahrsträsschen. Bei der nächsten Verzweigung spazieren Sie geradeaus weiter und erreichen nach ca. 20 Minuten das Bergrestaurant Steinegg auf 717 m ü. M. Romantisch in einem Hochtal gelegen, bietet die Gartenterrasse nicht nur eine tolle Aussicht, hier kann man sich auch währschaft verkosten. Egal ob Speckbrettli, Steineggteller oder Wurstsalat garniert, hier finden Herr und Frau Schweizer, was sie auf einer Wanderung am liebsten zu sich nehmen. Das Bergrestaurant der Familie Nullmeyer hat Montag/Dienstag geschlossen.
Infos: www.steinegg-nullmeyer.ch

Auf dem Gempenplateau

In der Übergangszone zwischen Tafel- und Kettenjura liegt das Solothurner Dorf Seewen, eingebettet in ein liebliches Hochtal. Einst soll es hier einen grossen See gegeben haben, der sich nach einem Bergsturz am Ende der letzten Eiszeit gestaut hatte. Dieser ist längst verschwunden, geblieben ist ein weiter Talboden. Auf Ihrer Wanderung lernen Sie aber auch das Gempenplateau, eine typische Erscheinung des Tafeljuras, kennen.

Ausgangspunkt Ihrer Wanderung ist das auf einem Hochplateau gelegene Dorf Gempen (unten), Ihr Ziel heisst Seewen (oben) – dazwischen Wildpflanzen wie der Mohn.

 S3 oder Tram Linie 10 bis Bahnhof Dornach-Arlesheim, weiter mit dem Bus bis Gempen-Dorf

 J18 bis Ausfahrt Reinach-Süd, weiter über Dornachbrugg und Dornach Dorf bis Gempen. Parkplätze hinter der Gemeindeverwaltung.

 Landeskarte 1:25 000, Blatt 1067 «Arlesheim» oder Wanderkarte 1:50 000, Blatt 213 T «Basel»

 Gemeindeverwaltung
4206 Seewen SO
Tel. 061 911 93 15
www.seewen.ch

 Leicht – nur wenige Höhenunterschiede, Feld- und Waldwege, aber auch einige Strecken auf Hartbelag

Fotos: Phillipe Cruz

Zwischen Hochwald und Seewen gelangen Sie oberhalb von Dummeten zu einer Alpweide, die einen herrlichen Ausblick auf die Höhenzüge des Passwang erlaubt.

Erholsame 90 Wanderminuten

Die Schartenfluh (759 m ü. M.), von einigen irrtümlicherweise auch Gempenstollen genannt, ist ein markanter, weit herum sichtbarer Fels. 80 Meter tiefer liegt am Nordrand des ausgedehnten Gempenplateaus das Dorf Gempen mit etwas mehr als 800 Einwohnern. Der Ort sorgte erstmals 500 vor Christus für Schlagzeilen – aus jener Zeit stammen einige Werkzeuge aus Eisen, die man in Höhlen gefunden hatte. Während des Zweiten Weltkriegs spielte das Gempenplateau eine wichtige strategische Rolle. Hier war eine ganze Division mit einigen hundert Soldaten stationiert, welche die Truppenbewegungen der Franzosen und Deutschen vom Gempenturm aus beobachteten. Sogar einen amerikanischen Bomber hatten die Schweizer hier abgeschossen, der anschliessend in Aesch notlanden konnte.

Heute kennt man Gempen vor allem als Naherholungsziel und als beliebten Wohnort im Grünen. Bekannt in Gempen ist auch die Sonnhalde – eine Sonderschule mit Internat für Kinder nach den Grundsätzen der antroposophischen Heilpädagogik.

Die Gemeinde Gempen gehört bereits zum Kanton Solothurn.

Sie beginnen Ihre Wanderung bei der Bushaltestelle Dorf. Hier können Sie auch gleich im Dorfladen den Rucksack füllen, denn unterwegs gibt es keine andere Verpflegungsmöglichkeit. Ihr erster

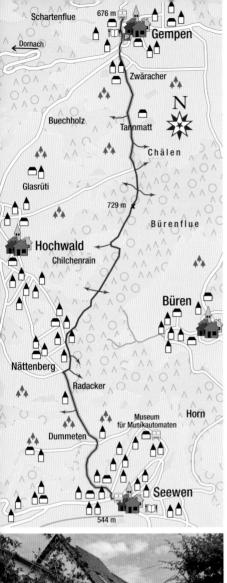

Gang führt Sie durchs Dorf, das mit sehr viel Liebe zum Detail gepflegt wird. Dort, wo sich Dornach- und Hochwaldstrasse verzweigen, biegen Sie in den Seewenweg ein und lassen schon nach wenigen Schritten die letzten Einfamilienhäuser hinter sich. Vorbei am grossen Tannmatthof mit seinen weiten Feldern gelangen Sie bald in den Wald. Östlich von Chilchenrain überqueren Sie eine kleine Waldlichtung, anschliessend schreiten Sie wieder durch den hochgewachsenen Forst bis Nättenberg, einen Ortsteil der Gemeinde Hochwald, wo sich bereits in den 1970er-Jahren die ersten Städter wunderschöne Bungalows gebaut haben. Hochwald war leider auch Schauplatz einer Tragödie, als am 10. April 1973 bei dichtem Schneefall ein englisches Passagierflugzeug abstürzte und 108 Menschen dabei ihr Leben verloren. Wäre der Pilot nur zehn Meter höher geflogen, hätte er den Absturz vermeiden können. Dies geschah bei Herrenmatt am gegenüberliegenden Talhang.

Sie wandern nun über Radacker und Dummeten ins Dorf Seewen hinunter. Ein direkter Bus fährt Sie ungefähr alle Stunde zurück von Seewen nach Gempen.

Praktisch alle alten Bauernhäuser sind in Gempen vorbildlich restauriert worden.

Die römisch-katholische Kirche Seewen wurde 1823 erbaut und ist dem heiligen German von Auxerre geweiht. Unten: Kornfelder und viel Wald auf dem Gempenplateau.

Orgeln und Musikdosen

Seewen ist ein kleines Dorf im Schwarzbubenland, in unmittelbarer Nachbarschaft des Baselbiets. Sie werden nicht schlecht staunen, wenn Sie hier unvermittelt vor dem modernen Bau des Museums für Musikautomaten mit seinen geometrisch klaren Linien stehen. Das grosse Museum ist nicht nur für Liebhaber von Jahrmarktsorgeln und Musikdosen eine kleine Sensation – auch Familien mit Kindern werden begeistert sein.

Der moderne Museumsbau in den Jurakalk-Farben der Umgebung. Rechts: Salon Bleu mit selbstspielendem Piano. Unten: Figurenautomat mit Paar auf Parkbank.

Die Postautolinie 67 fährt sowohl vom Bahnhof Liestal wie auch Dornach direkt bis zum Museumseingang.

A2 bis Ausfahrt Sissach, weiter über Liestal und Büren – oder J18 bis Ausfahrt Grellingen, weiter nach Seewen

Dienstag bis Sonntag, von 11.00 bis 18.00 Uhr. Feiertage: siehe Website des Museums

Restaurant «Drehorgel» im Museum – ideal für Mittagessen, Zvieri oder Apéro (z.B. Gruppen)

Museum für Musikautomaten
Bollhübel 1, 4206 Seewen SO
Tel. 061 915 98 80
www.musikautomaten.ch

Fotos: Musum für Musikautomaten

Schon das Foyer empfängt Sie mit drei grandiosen Musikinstrumenten – zwei Jahrmarktsorgeln und einer Mortier-Tanzorgel.

Eine verzauberte Welt der Musik

Jeder kennt die «Titanic». Etwas weniger bekannt ist das Schwesterschiff «Britannic». Dafür liegt die Welte-Philharmonie-Orgel nicht auf dem Meeresgrund, sondern kann im Museum für Musikautomaten in Seewen bestaunt werden. Das Prunkstück mit Baujahr 1913/14 erinnert an eine längst vergangene Epoche der glamourösen Atlantik-Ozeandampfer.

Natürlich bietet das Museum noch viel mehr. Der Gang führt Sie durch verschiedene Säle, in welchen Sie von den Klängen der Musikautomaten verzaubert werden. Da gibt es auch optische Highlights wie den Salon Bleu. Er erinnert an den Stellenwert, den die mechanische Musik einst in den bürgerlichen und adligen Wohnbereichen hatte. Im Tanzsaal vereinigt das Museum verschiedene Orchestrien. Mit der Musik dieser mechanischen Orgeln verbrachten die Urgrosseltern ihre Tanzabende. Bewunderswert ist unter anderem das Phonoliszt-Violina der Firma Hupfeld. Im Werkstattsaal erfahren Sie mehr über das technische Prinzip der mechanischen Musik – zum Beispiel wie Töne erzeugt werden oder wie Antriebe funktionieren. Im Zeitalter der digitalen Medien ist diese Erfahrung ganz besonders auch für Kinder wertvoll. Faszinierend: Im Museum finden auch regelmässig Konzerte statt!

Schwarzbubenland:
Seewen – Bärsberg   2 h 15 min
– Reigoldswil

Keine Landflucht mehr

Sie bewegen sich immer noch im Grenzgebiet zwischen Tafel- und Kettenjura. Während Seewen noch an den Tafeljura grenzt, erheben sich nördlich von Reigoldswil steile und bewaldete Bergflanken in Richtung Wasserfallen und Kettenjura. Auf Ihrer Wanderung kommen die gegensätzlichen Landschaften besonders deutlich zum Ausdruck. Rechtenberg, Holzenberg und Binzenberg heissen die Eckpfeiler entlang Ihres Weges.

Schön angelegte Feldwege, die durchwegs gut markiert sind, führen durch weite Hochtäler. Der Baslerweiher ist auch Brutgebiet von seltenen Vogelarten.

 S3 von Basel bis Grellingen, weiter mit dem Postauto bis zur Haltestelle Seewen «Alte Post»

 J18 bis Grellingen (nicht durch den Eggfluetunnel). Beim Bahnhof weiter in Fahrtrichtung Seewen. Parkplätze sind in Seewen rar.

 Landeskarte 1:25 000, Blatt 1087 «Passwang» oder Wanderkarte 1:50 000, Blatt 223 T «Delémont»

 Gemeindeverwaltung
4206 Seewen SO
Tel. 061 911 93 15
www.seewen.ch

 Leicht – häufig auf Feldwegen, zweimal gehts leicht bergauf, zum Schluss mässig steil bergab

Fotos: Phillipe Cruz

Hoch über dem Solothurner Dorf Seewen thront die römisch-katholische Kirche auf einem Hügel. Der Ort ist praktisch vom Kanton Baselland umringt.

Vom Baslerweiher zur Hinteren Frenke

Das Leben in den Tafeldörfern und Talsiedlungen des Baselbiets war in den vergangenen Jahrhunderten kein «Ponyhof». Von den Landvögten geknechtet und zu Abgaben gezwungen, kam es immer wieder zu Bauernaufständen gegen die Obrigkeit. Im 19. Jahrhundert fanden viele Familien einen willkommenen Nebenerwerb beim Posamenten (Seidenweben). In fast allen Stuben stand ein Webstuhl – es gab sogar Höfe mit deren vier – und meistens musste sich die ganze Familie, einschliesslich der Kinder, an dieser Arbeit beteiligen. Weil sich die Mode nach dem Ersten Weltkrieg änderte, sank die Nachfrage nach den produzierten Seidenbändern. Klapperten 1915 in Reigoldswil noch 360 Webstühle, so waren es 1957 nur noch 51, heute gibt es keinen einzigen mehr. Es kam wie es kommen musste: Viele Posamenter gerieten in Not und fanden Arbeit in den benachbarten Tälern. Die Dörfer entvölkerten sich. Die Landflucht setzte ein und die Siedlungen rund um die grossen Orte wie Sissach, Liestal oder Pratteln wuchsen rasant. Heute ist die Landflucht zu Ende, die Tafeldörfer und Talsiedlungen im Baselbiet sind für die Städter dank Mobilität und guter Verkehrsanbindung wieder attraktiv geworden, so dass die meisten Dörfer sogar an Einwohnern zulegen konnten.

Baselbieter Kettenjura

Das Baselbiet ist in zwei Land-
schaftstypen unterteilt – Tafeljura
im Norden und Kettenjura im
Süden. Im Norden verläuft die
Grenze zwischen den beiden
Gebirgen auf der Linie Flüh, Aesch,
Grellingen, Seewen, Niederdorf,
Buckten und Oltingen. Kilometer-
lange Bergketten mit steil abfal-
lenden Fluhmauern und hohe
Felskämme bestimmen das Bild.
Die höchsten Erhebungen sind
Vogelberg und Hohe Winde (beide
1204 m ü. M.). Vielen ist natürlich
der Passwang ein Begriff, der dank
seiner Passstrasse zu einem be-

*Der künstliche Baslerweiher wurde 1870
zur Sicherung der Trinkwasserquellen
angelegt.*

*Bauernhäuser mit Miststöcken wie
anno dazumal – ausgangs Seewen*

Foto: Ronald Gohl

liebten Ausflugsziel geworden ist.
Der Scheiteltunnel befindet sich auf
943 m ü. M. Im Gebiet des Kettenjuras sind die Hänge steil, so dass
Ackerbau kaum möglich ist, die
Wiesen dienen daher wie in den
Alpen hauptsächlich der Vieh-
wirtschaft. Das rauhe Klima in den
bewaldeten Bergketten beschert oft
kalte Winter mit reichlich Schnee.
Die Dörfer liegen geschützt in
Muldenlagen zwischen den einzel-
nen Bergrücken.

Von der Haltestelle Alte Post in Seewen folgen Sie den gelben
Wegweisern und Markierungen und gelangen zum Baslerweiher.
Dank seiner artenreichen Fauna und Flora hat sich dieser einen
Platz im Inventar der Landschaften und Naturdenkmäler von
nationaler Bedeutung gesichert. Beim Weierhof queren Sie die
Hauptstrasse und folgen nun der bewaldeten Flanke des Holzen-
berges, bevor Sie die gleiche Strasse ein zweites Mal überqueren.
Der weitere Weg führt Sie zunächst durch Wald, dann über freie
Felder mit Blick auf den Kettenjura bis zu den Bärsberghöfen. Dort
folgt der Abstieg hinunter ins Dorf Reigoldswil. Mit einem Umweg
über Bretzwil fährt Sie der Bus zurück nach Seewen.

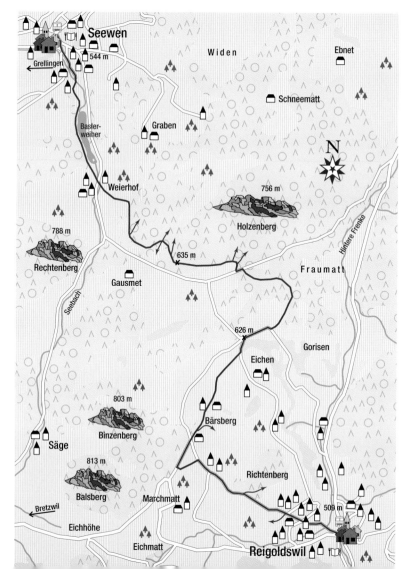

Mittelalterliche Eichen

Schweizweit wohl einmalig ist der imposante Eichenhain auf dem Murenberg bei Bubendorf. Es sprengt schon fast unsere Vorstellungskraft: Diese mächtigen Bäume wurden einst im Mittelalter gepflanzt, überdauerten alle Wirren und Kriege der Geschichte und stehen noch heute unverrückt und grösser als alle anderen Schweizer Eichen an Ort und Stelle. Zudem erwartet Sie auf dem Bergrücken eine mittelalterliche Burg.

Die Burg mit dem Schlosshof und das Naturschutzgebiet sind vielbesuchte Ausflugsziele.

 Von Liestal mit dem Bus der Linie 70, Fahrtrichtung Reigoldswil, bis Bubendorf-Zentrum

 Via Liestal und Bad Bubendorf ins Reigoldswilertal bis Bubendorf. Parkplätze sind Mangelware, evtl. hinter der Gemeindeverwaltung.

 Landeskarten 1:50 000, Blätter 1068 «Sissach» und 1088 «Liestal» – lohnender Abstecher zum Wasserfall

 Gemeindeverwaltung
4416 Bubendorf
Tel. 061 935 90 90
www.fuenflibertal-tourismus.ch

 Mittelschwer – erstes Teilstück im Bereich von Unter Talhus ist etwas steil, Abstieg auf Waldwegen.

Fotos: Phillipe Cruz

Traumhaft schön ist der kleine Schlossweiher ganz in der Nähe der Burg Wildenstein. Es lohnt sich, hier kurz zu verweilen und die heimischen Vögel zu beobachten.

Aufstieg zum Murenberg

Der Ausflug zu den alten Eichen hoch über dem Reigoldswilertal lässt sich mit einer erlebnisreichen Rundwanderung verbinden. Nebst den alten Eichen entdecken Sie ein schutzwürdiges Biotop mit seltenen Tier- und Pflanzenarten, eine mittelalterliche Burg und einen Wasserfall.

Sie beginnen Ihre Wanderung bei der Bushaltestelle «Zentrum» gegenüber der Gemeindeverwaltung Bubendorf. Der Wegweiser bietet eine ganze Palette an Wandervorschlägen. Sie entscheiden sich für den Aufstieg über den Murenberg zur Burg Wildenstein. Dazu überqueren Sie zunächst die Hintere Frenke und gelangen, immer der gelben Wanderwegsignalisierung folgend über Quartierstrassen an den Bubendorfer Waldrand. Durch eine S-Kurve steigen Sie über Unter Talhus zum Murenberg auf, wo Sie beim Punkt 457 ein sanft ansteigendes Hochplateau erwartet. Sie nehmen die letzten schattenlosen Höhenmeter in Angriff, bis Sie auf 527 m ü. M. den höchsten Punkt Ihrer Wanderung erreicht

tipp:

Hirschkäfer

Der Hirschkäfer (Lucanus cervus) ist der grösste europäische Käfer. Das Männchen kann bis zu acht Zentimeter lang werden, manche behaupten sogar, noch riesigere Exemplare entdeckt zu haben. Der Hirschkäfer steht auf der Roten Liste der stark gefährdeten Tierarten, er darf deshalb weder getötet noch eingesammelt werden. Wer etwas Geduld hat, entdeckt möglicherweise in den Totholzbäumen unweit der Burg Wildenstein ein Exemplar. Das Weibchen ist mit nur vier Zentimetern bedeutend kleiner und verfügt auch nicht über die markanten Kieferzangen, welche auch als «Geweih» bezeichnet werden. Im Juni und Juli sind die Hirschkäfer auch in der Luft un-

Wildenstein ist die einzige noch erhaltene, mi telalterliche Höhenburg im Kanton Baselland.

Foto: H. Rothacher/Wikipedia/GNU-Lizenz

terwegs, besonders in der Dämmerung. Leider ist die Lebenserwartung der Riesenkrabbler nicht gross. Einmal ausgewachsen, leben sie lediglich noch einen Monat. Weil es kaum mehr Eichen-Totholz gibt, ist die Population der Tiere stark geschrumpft.

Die mächtigen Eichen sind ein halbes Jahrtausend alt. Ihr Wanderweg schlängelt sich entlang den prächtigen und teilweise gigantischen Bäumen.

haben. Nach einem Richtungswechsel kommen Sie an den Waldrand, wo Sie dem Wegweiser zur Burg Wildenstein folgen.

Ihr Wanderweg führt mitten durch den imposanten Eichenhain. Es lohnt sich einige Zeit zu verharren und die uralten Bäume näher zu betrachten. Einige blattlose Baumskelette sind vom Ertrag her gesehen zwar wertlos, für den Naturschutz aber umso wichtiger, weil hier Totholz auf sehr lebendige Art und Weise abgebaut wird. Mit viel Glück entdecken Sie sogar den selten gewordenen Hirschkäfer.

Sie befinden sich inmitten einer mittelalterlichen Kulturlandschaft mit ehemaliger Dreifelderwirtschaft (Wintergetreide, Sommergetreide, Brache), welche durch die Hecken und Baumreihen abgetrennt wurde.

Ihre Wanderung führt weiter zum Schlossgut Wildenstein, ein Kulturdenkmal erster Güte. Seit 1792 pflegte die Familie Vischer das Anwesen, bevor sie es an den Kanton verkaufte. Heute möchte der Kanton das Schloss wieder verkaufen, denn er ist knapp bei Kasse. Sie können links an der Burg vorbei zum wildromantischen Wasserfall in einem Felsentobel ab- und wieder aufsteigen, bevor Sie dem Wegweiser zurück nach Bubendorf folgen und den Panoramaweg über Chäppelen noch einmal so richtig geniessen.

Über die Eichhöhe

Diese Wanderung ist ideal für all jene, die kleine, aber abwechslungsreiche Wanderungen im Oberbaselbiet schätzen – und dabei vor einem Aufstieg über 138 Höhenmeter nicht zurückschrecken. Der Ausflug empfiehlt sich vor allem im Frühling und im Herbst, wenn die Farben zwischen Bretzwil, Lauwil und Reigoldswil besonders bunt leuchten. Ausgangsort und Ziel sind mit den öffentlichen Verkehrsmitteln gut erschlossen.

Besonders im Frühjahr lohnenswert, wenn die Kirschbäume blühen, die Wiesen mit Löwenzahn bedeckt sind und die Wälder noch den Blick auf die Hügel zulassen.

 Mit der S3 bis Grellingen, dort umsteigen in den Bus nach Bretzwil (Fahrtrichtung Nunningen)

 Via Liestal und Bad Bubendorf ins Reigoldswilertal, von Reigoldswil über die Eichhöhe nach Bretzwil. Es gibt kaum Parkplätze!

 Landeskarte 1:25 000, Blatt 1078 «Passwang» und Wanderkarte 1:50 000, Blatt 223 T «Delémont»

 Gemeindeverwaltung
4207 Bretzwil
Tel. 061 943 04 40
www.bretzwil.ch

 Auf Feld- und Schotterwegen – aber auch Hartbelag sowie schmale Waldwege; Kinderwagen ungeeignet

Fotos: Phillipe Cruz

Freude bei den Kühen des Sunnholder Bauern – endlich Frühling, raus auf die Wiese

Zwischen Balsberg und Deigsberg

Die beiden Oberbaselbieter Gemeinden Bretzwil und Reigoldswil werden durch einen kleinen Pass verbunden – die Eichhöhe. Gerade mal 686 Meter hoch ist dieser und weist eine einzige Haarnadelkurve auf. Ein spektakuläres Panorama wird zwar nicht geboten, dafür erhält man Einblick auf ein Stück urtümliche Natur zwischen Balsberg und Deigsberg. Hier dreht sich fast ausschliesslich alles um die Landwirtschaft: saftig grüne Wiesen, buntes Vieh, sorgfältig bewirtschaftete Wälder und Kirschbäume nach typisch Baselbieter Manier.

Ausgangspunkt Ihrer Wanderung ist die kleine Gemeinde Bretzwil im Bezirk Waldenburg, die knapp 800 Einwohner aufweist. Am besten reisen Sie mit dem öffentlichen Verkehrsmittel an, denn einen geeigneten Parkplatz zu finden, ist in Bretzwil nicht leicht – es sei denn, Sie parken «wild». Aber dies wird von der Bevölkerung nicht geschätzt.

Von der Bushaltestelle Dorf folgen Sie der Hauptstrasse ungefähr 100 Meter Richtung Norden und zweigen rechts in den Baumgartenweg ab. Ein Wegweiser ist vorhanden. Von hier aus führt Sie ein leicht ansteigendes Teersträsschen zu den Höfen Tschäggligen und Balsberg. Sie nehmen die Route zum Waldrand hinauf und folgen jetzt einem rauhen Weg unterhalb des 813 Meter hohen Balsbergs. Bevor Sie wieder aufs freie Feld gelangen, erreichen Sie einen

Lauwil auf 633 m ü. M. ist eine eigenständige Gemeinde mit 333 Einwohnern.

Picknickplatz mit Feuerstelle, Tischen und Bänken. Ein schnurgerades Strässchen führt Sie über das freie Feld zur Eichhöhe. Sie überqueren die Passstrasse und gelangen zum gegenüberliegenden Waldrand. Von dort aus marschieren Sie nicht über die geteerte Zubringerstrasse, sondern über einen Waldweg zum Chrummenhof. Jetzt geniessen Sie den herrlichen Blick über das freie Hügel- und Wiesenland und gelangen ins kleine, verschlafen wirkende Dorf Lauwil. Die Gemeinde weist immerhin eine Fläche von 7,27 Quadratkilometer auf. In Lauwil schlagen Sie die Richtung ein, welche Sie zum Nordhang des Deigsbergs führt. Hier entdecken Sie schon Reigoldswil – Ihr Wanderziel. Ein steiler Abstieg führt Sie hinunter zur Bushaltestelle auf dem Dorfplatz. Der Bus (Linie 91) bringt Sie in nur 13 Minuten zurück nach Bretzwil. Sie können auch in die Gegenrichtung mit einem Bus nach Liestal fahren.

Oberes Baselbiet/Jurahöhen:
Wenn einem ein Lama sanft in
die Ohren schnaubt

Lamatrekkings

Die Familie Räuftlin vom Wasserfallenhof besitzt nicht nur wunderschöne Pferde sondern auch zwei Kamele – und natürlich viele lustige Lamas. Möchten Sie eine kleine Tour mit einem tierischen Begleiter machen? Kein Problem: Das Schnuppertrekking dauert eineinhalb bis zwei Stunden und Sie wandern dabei in Begleitung dieser ruhigen und doch sehr neugierigen Tiere zum Chellenchöpfli – etwas ganz Tolles für Familien mit Kindern!

Nach einem kurzen Halt auf dem Chellenchöpfli oben, wo Sie bei klarer Sicht die Berner Alpen sehen, geht es dann wieder auf einem anderen Weg zurück zum Ausgangspunkt. Wer etwas mehr Zeit mitbringt, kann auch mehrere Stunden mit den Lamas verbringen, zum Beispiel während eines Tagestrekkings. Bei diesem wandern Sie ca. vier Stunden, dazwischen machen Sie einen Halt, um gemütlich eine Wurst oder etwas anderes zu brä-

teln. Für Firmen bietet die Familie Räuftlin in Zusammenarbeit mit der Gondelbahn, die ins schöne Ausflugsgebiet führt, die Bauernolympiade an. Da schweben Sie mit der Gondel, trekken mit den Lamas, zeigen Ihre Talente beim Kirschstein spucken oder Hufeisen werfen, geniessen ein feines Essen bei toller Aussicht und flitzen mit den Trottis ins Tal. Selbst Wandermuffel vergessen die Zeit beim Trekking und viele geraten dabei ins Schwärmen, wenn Ihnen ein Lama sanft in die Ohren schnaubt.

Fotos: Karin Räuftlin

Wasserfallenhof
4418 Reigoldswil
Tel. 061 931 33 61
www.wasserfallenhof.ch
lamafarming@sunrise.ch

Die Panoramabahn

Im hinteren Frenkental, wo die Wasser von den Felsen fallen, schwebt man in Panoramagondeln hinauf zur Wasserfallen und hinein in eine sonnenverwöhnte Juralandschaft. Nur 40 Minuten von Basel entfernt sieht man Frühlingsblühen, Sommervögel, Herbstfarben, Winterglitzern: taufrische Natur das ganze Jahr.

Freizeitvergnügen für jeden Geschmack: Ob eine lustige Talfahrt mit dem Trotti oder eine erlebnisreiche Familienwanderung – die Panoramabahn bringt Sie in die Höhe.

Mit dem InterRegio bis Bhf. Liestal, weiter mit dem Niederflurbus (Linie 70) bis Reigoldswil Dorfplatz, 10 min Fussweg bis Talstation

Von Liestal via Bubendorf nach Reigoldswil, Parkplätze bei der Talstation der Luftseilbahn

Die Luftseilbahn steht das ganze Jahr in Betrieb – von November bis März jeweils Montag geschlossen.

Luftseilbahn
Reigoldswil–Wasserfallen
Tel. 061 941 18 20
www.wasserfallenbahn.ch

Viele Restaurants: zum Beispiel auf der Wasserfallen, aber auch im Dorf Reigoldswil

Fotos: Guido Schärli, Hölstein

Erlebnisreiche Wanderungen auf den Jurahöhen und in kühlen Schatten spendenden Wäldern – der ideale Freizeitspass für heisse Sommertage.

Wasserfallen im Sommer

Im Gebiet Wasserfallen finden Sie ein breites Netz an Spazier- und Wanderwegen und dazwischen zahlreiche gemütliche Einkehrmöglichkeiten. Ein Freizeiterlebnis der Sonderklasse wartet bei der Bergstation. Der Waldseilpark verspricht Kletterspass pur! Zum Schluss eine rasante Talabfahrt mit dem Trottinett. Übrigens, jeden ersten Freitag im Monat von Mai bis Oktober haben die Bergrestaurants bis spät abends geöffnet. Die Luftseilbahn bringt Sie bis 23.00 Uhr bequem auf den Berg und wieder zurück in Tal. Geniessen Sie traumhafte Sonnenuntergänge auf der Wasserfallen! Jeden Donnerstag von Mai bis Oktober, heisst die Bahn alle Seniorinnen und Senioren auf der Wasserfallen besonders herzlich willkommen. Sie profitieren vom Spezialpreis für Berg- und Talfahrt bei der Luftseilbahn und geniessen im Berggasthaus Hintere Wasserfallen ein Menü – ebenfalls zu einem unschlagbaren Preis.

Detaillierte Informationen

Anreise öV
Mit der Bahn von Basel, Zürich oder Olten nach Liestal. Ab Liestal mit Bus 70 bis Haltestelle «Reigoldswil Dorfplatz». Von dort markierter Fussweg (10 Minuten) bis zur Talstation der Luftseilbahn.

Anreise Auto
ab Basel: A2/3, Ausfahrt Liestal
ab Bern/Solothurn: A1, Ausfahrt Oensingen, via Waldenburg, Oberdorf nach Reigoldswil
ab Luzern/Aarau: A1 bis Egerkingen, anschliessend weiter auf der A2 bis Ausfahrt Diegten, Sissach oder Liestal
ab Zürich: A3 in Richtung Basel, Ausfahrt Liestal

Öffnungszeiten Luftseilbahn
November bis März: Montag geschlossen, Dienstag bis Sonntag und Feiertag 9.00–16.30 Uhr.
Fondue- und Vollmond-Plausch: 9.00–23.30 Uhr
April bis Oktober: Montag bis Sonntag und Feiertag: 9.00–17.30 Uhr
Jeden ersten Freitag im Monat: 9.00–23.00 Uhr

Weitere Informationen über Angebote und Veranstaltungen
Luftseilbahn
Reigoldswil–Wasserfallen
Oberbiel 62, Postfach 331
4418 Reigoldswil
Tel. 061 941 18 20
Autom. Auskunft Tel. 061 941 18 81
Fax 061 943 00 89
info@wasserfallenbahn.ch
www.wasserfallenbahn.ch

Auch im Herbst in Betrieb: Der Seilpark Wasserfallen unter dem bunten Blätterdach

Nach dem Herbst folgt der Winter mit dem Schlittelplausch zwischen Berg- und Talstation – rasante Abfahrten garantiert!

Wasserfallen im Winter

Wenn Schnee und Eis das Wasserfallengebiet in eine weissglitzernde Natur verwandeln, ist es Zeit für rasante Schlittenfahrten und gemächliche Schneeschuhtouren. Schlitten und Schneeschuhe können Sie in der Bergstation ausleihen.

Urige, gemütliche Stimmung in heimeliger Atmosphäre verspricht der Fondueplausch, der in allen Bergrestaurants im Wasserfallengebiet an bestimmten Durchführungsdaten angeboten wird. Beim Vollmondplausch können Sie sich in den Restaurants ebenfalls kulinarisch verwöhnen lassen. Oder wer es sportlicher mag, nimmt an einer der geführten Schneeschuhtouren teil.

Die Luftseilbahn fährt beim Fondue- und beim Vollmondplausch durchgehend bis 23.30 Uhr. Oder geniessen Sie bei guten Schnee- und Sichtverhältnissen eine Schlittenfahrt auf dem beleuchteten Weg ins Tal zurück nach Reigoldswil.

Ein Tipp für alle, die im Mittelland oder in den Städten unter der Nebeldecke trauern: Ab auf die Wasserfallen, dort erwartet Sie Sonne und Lebensfreude pur!

Paradiesische Jurahöhen

Bunte Blumengärten, idyllische Dörfer, Sagen- und Erlebniswege sowie urige Einkehrmöglichkeiten umrahmen diese einfache Wanderung auf den Baselbieter Jurahöhen. Die Wanderung führt wenig durch Wälder, dafür werden Sie nahezu immer mit einer atemberaubenden Rundumsicht belohnt. Als ideale Jahreszeiten für diese Wanderung bietet sich das Frühjahr sowie der Herbst an.

Traumhafte schöne Route: Lampenberg–Abendsmatt–Egg–Gling–Gugger–Ober Serzach–Titterten–Ruine Rifenstein–Reigoldswil

 Mit dem InterRegio bis Liestal, weiter mit der Waldenburgerbahn nach Lampenberg

 A2 bis Ausfahrt Sissach, weiter über Liestal bis zur Abzweigung Lampenberg-Ramlinsburg (Parkplatz beim Bahnhöfli)

 Landeskarte 1:25 000, Blatt 1088 «Hauenstein» oder Karte 1:25 000 «Region Basel»

 Teilweise Hartbelag, meist Naturwege, auch schmal, im Wald Treppenstufen (nicht mit Kinderwagen)

 Tourismus Region Wasserfallen - Juraparadies Tel. 061 943 00 88, info@juraparadies.ch www.juraparadies.ch

Fotos: Barbara Henzi, Paul Menz (rechte Seite)

Spätfrühling auf dem Höhenweg, mit Blick auf das Baselbieter Dorf Arboldswil – bereits haben die Kirschbäume ihre weisse Pracht verloren.

Herrliche Rundumsicht vom Gugger

Am Bahnhof SBB in Liestal angekommen, fahren Sie mit der Waldenburgerbahn weiter bis zur Station Lampenberg-Ramlinsburg. Beginnen Sie hier bereits Ihre Wanderung, welche zuerst entlang der Strasse in Richtung Lampenberg führt. Gehen Sie am Waldrand links und folgen Sie den Holzschildern auf dem Fussweg bis Lampenberg. Oder steigen Sie als Alternative bei der Station Lampenberg-Ramlinsburg auf die Buslinie Nr. 93 um. Sie können sich auf diese Weise einen Aufstieg (125 Höhenmeter) ersparen. Verweilen Sie ein wenig in Lampenberg und geniessen Sie den idyllischen, von bunten Bauerngärten umrahmten Dorfplatz. Wandern Sie nun auf dem geteerten Weg an der Abendsmatt/Kurhaus vorbei bis zur Kreuzung Egg, wo Sie weiter ein kurzes Stück auf dem geteerten Weg in Richtung Arboldswil gehen. Am Waldrand biegen Sie links ab und folgen dem offiziellen Wanderweg in Richtung Titterten. Der Weg steigt ein wenig an. Auf dem Gugger werden Sie mit einer herrlichen Rundumsicht belohnt. Die Aussicht reicht vom Südbadischen, über das Belchen- und Hauensteingebiet, bis hinein ins Schwarzbubenland. Bei guten Sicht- und Wetterverhältnissen können Sie sogar einen Blick auf die Alpen erhaschen.
Nun erfolgt ein gemächlicher Abstieg dem Waldrand entlang, bis

Viele Einkehrmöglichkeiten

Restaurant Reblaube, Lampenberg, Tel. 061 951 10 51, Mi bis Fr 09.00–24.00 Uhr und Sa bis So 15.00–24.00 Uhr
Restaurant Abendsmatt, Lampenberg, Tel. 061 951 10 24, Mo bis Sa 14.00–18.00 Uhr
Anni's Kaffeestübli, Niederdorf, Tel. 061 961 00 57, Sa bis Mo 10.00–18.00 Uhr
Restaurant Sodhus-Beizli, Titterten, Tel. 079 578 37 30, Mi bis Sa 17.00–24.00 Uhr und So 10.00–20.00 Uhr
Gasthof Ryfenstein, Reigoldswil, Tel. 061 941 14 41, Mo und Do bis

Wildromantischer Pfad in den Flüegraben westlich von Titterten

*Mitte: Idyllischer Rastplatz beim Sagenweg
Unten: Fast schon am Ziel Reigoldswil*

So ab 08.30 Uhr, Di bis 14.00 Uhr
Bistro am Dorfplatz, Reigoldswil, Tel. 061 941 14 32, Mo bis Fr 06.00–17.00 Uhr

Rast- und Picknick-Plätze: Auf dem Gugger und entlang des Wanderwegs in Richtung Ober Serzach oder in Reigoldswil beim Sagenweg Rifenstein

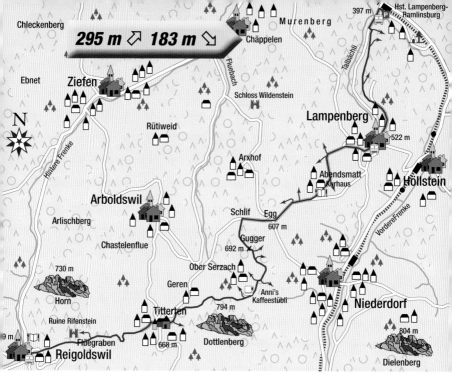

hin zu Anni's Kaffeestübli auf dem Ober Serzach. Anschliessend
gehts weiter nach Titterten. Im Frühjahr 2013 wird hier voraus-
sichtlich ein Themenweg mit vielen interessanten und erlebnisreichen Stationen entstehen. Folgen Sie nun dem Wanderwegweiser in Richtung Ruine Rifenstein und Reigoldswil. Sie steigen
auf ein paar Stufen hinunter in den wildromantischen Flüegraben
und wandern dem Bach entlang bis zur Abzweigung Ruine Rifenstein. Nehmen Sie sich hier kurz Zeit für den Aufstieg zur Ruine,
oder lassen Sie sich auf dem Sagenweg von Geschichten verzaubern. In kurzer Gehdistanz erreichen Sie Reigoldswil. Von dort
fahren die Buslinien 70 und 71 wieder zurück zum Bahnhof SBB in
Liestal.

Varianten: Die Wanderung kann beliebig verkürzt werden, indem
Sie auf dem Gugger in Richtung Niederdorf wandern. Oder begin-
nen Sie die Rückreise mit dem öffentlichen Verkehr bereits ab
Titterten.

Vorsicht: Der Wanderweg Ober Serzach bis Titterten kann auf-
grund von Schiessübungen gesperrt sein. Den aktuellen
Schiessplan finden Sie auf www.sg-titterten.ch.
Ausweichmöglichkeiten in unmittelbarer Nähe sind vorhanden.

Zur Burg Rifenstein

Der Untergang der Burg Rifenstein liegt im Dunklen. Die einen behaupten, sie sei beim Basler Erdbeben von 1356 stark beschädigt und infolge fehlender Geldmittel der Besitzer nicht wieder aufgebaut worden. Andere glauben, dass der letzte Ritter nicht von einem Kreuzzug zurückgekehrt sei. Nachdem das Adelsgeschlecht ausgestorben war, hätte sich niemand mehr um die Burg gekümmert und sie sei zerfallen.

Links: Titterten liegt auf einem Plateau auf 668 m ü. M. Rechts: So mag die Burg Rifenstein im 14. Jahrhundert ausgesehen haben. Unten: Heutige Mauerreste der Burg.

 Halbstundentakt: Mit dem InterRegio von Basel bis Liestal, weiter mit dem Bus (Linie 70) nach Reigoldswil

 Via Kantonshauptort Liestal und Bad Bubendorf ins Reigoldswilertal. Auf dem Dorfplatz von Reigoldswil gibt es wenige Parkplätze.

 Landeskarten 1:25 000, Blätter 1078 «Passwang» und 1088 «Hauenstein» – gut markierte Wege

 Tourismus Region Wasserfallen - Juraparadies Tel. 061 943 00 88 www.juraparadies.ch

 Mittelschwer – teilweise steil und im Flüegraben sowie zur Burg Rifenstein exponierte Wege

Fotos: Phillipe Cruz

Obwohl die Burg Rifenstein aufgrund ihrer strategischen Lage auf einem Felskopf für uneinnehmbar galt, ist sie im Laufe der Jahrhunderte zerfallen.

Über den Tafelberg nach Oberdorf

Eine Tatsache ist, dass im 14. Jahrhundert ein grosses «Burgen-sterben» in den Kantonen Baselland und Solothurn einsetzte. Schuld daran war auf der einen Seite das schwere Erdbeben vom 18. Oktober 1356 in Basel, das nach Überlieferungen zwischen 100 und 2000 Menschen (eine genaue Zahl ist nicht bekannt) das Leben gekostet haben soll. Auf der andere Seite entsprach das beschwerliche Leben auf den feuchten und kaum heizbaren Burgen nicht mehr dem Zeitgeist. Die Adligen zog es in die Stadt, wo sie mit ihresgleichen verkehren konnten und das Leben allgemein viel angenehmer war. Ihre Burgen liessen sie verkommen, sie zerfielen, und jene, die nach dem Erdbeben repariert wurden, zerstörten entweder die Bauern oder die Soldaten der französischen Revolution (1792), welche ab 1798 auch in der Schweiz wüteten. Kein Stein blieb auf dem anderen – und jene Burgen, die sich heute intakt präsentieren (z.B. Rotberg, Angenstein oder Reichenstein) wurden im 19. und 20. Jahrhundert von Privatpersonen wieder aufgebaut. Die Ruine Rifenstein gehört leider nicht dazu. Von ihr sind nur noch Mauerreste übrig.

Sie kann von Reigoldswil aus nur zu Fuss erreicht werden, dazu müssen rund 100 Höhenmeter überwunden werden, denn die Burg errichteten die damaligen Ritter auf einem Felskopf. Vom Dorf-

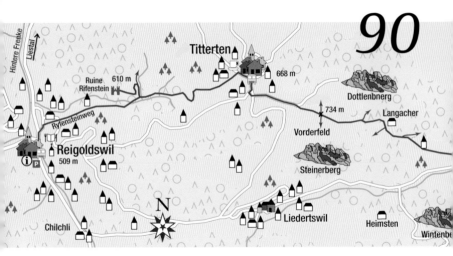

Ruine Rifenstein 610 m
Titterten 668 m
Dottlenbnerg
Langacher
Ryfensteinweg
734 m
Vorderfeld
Reigoldswil 509 m
Steinerberg
N
Chilchli
Liedertswil
Heimsten
Wintenbe

platz (Bushaltestelle) nehmen Sie zunächst die Schmidtgasse und nach dem Überqueren der Hauptstrasse den Ryfensteinweg. Er führt Sie direkt zum Waldrand, wo ein schmaler Pfad zum Felskopf mit der Burgruine abzweigt. Diesen sollte man nur mit griffigen Schuhen begehen, auch muss man schwindelfrei sein. Zu sehen gibts auf der Burg verschiedene Mauerreste und eine Tafel veranschaulicht, wie die einstige Rifenstein wohl ausgesehen haben mag. Das Herumturnen auf den Mauern ist aus Sicherheitsgründen verboten! Eine Feuerstelle lädt zum Bräteln ein. Wieder am Fuss des Burgfelsens angekommen, folgt ein spannender Wegabschnitt durch den Flüegraben und entlang des Sagenwegs. Nachdem Sie aus dem Wald und an kleinen Teichen vorbei marschiert sind, ändert sich das Landschaftsbild. Vor Ihnen liegt ein Plateau des Tafeljuras mit dem Dorf Titterten. Noch immer gehts bergauf. Den höchsten Punkt Ihrer Wanderung erreichen Sie auf dem Vorderfeld (734 m ü. M.). Nun folgt der steile Abstieg hinunter nach Oberdorf. Von hier aus fährt ein direkter Bus zurück nach Reigoldswil (vorher Fahrplan konsultieren).

Nach der Burg folgt der wildromantische Flüegraben mit abenteuerlichem Pfad

265 m ⬈ **281 m** ⬊

Oben: Blick von der Mauerkrone der Ruine Rifenstein hinunter ins Dorf Reigoldswil
Unten: Bis zur Rückfahrt können Sie sich in der Wirtschaft Rössli in Oberdorf stärken.

Reizende Höhenzüge

Langenbruck, auf 700 m ü. M. gelegen, bietet mit seinen Jurahöhen reizende Wandermöglichkeiten, zum Beispiel über den Hof Humbel und die Rehhag-Krete zur Ruine Waldenburg. Nach dem Abzug des letzten Vogtes wurde die Burg im Jahre 1798 ein Raub der Flammen. Erst 1929/30 folgte eine Konservierung. Heute freuen sich die Wanderer über das stattliche mittelalterliche Bollwerk hoch über dem Städtchen Waldenburg.

Vom Humbelbergli (oben) ist es noch ein weiter und steiniger Weg bis zur Ruine Waldenburg. Griffige Wanderschuhe sind auf den exponierten Pfaden Pflicht.

 InterRegio bzw. S3 bis Liestal, Waldenburgerbahn bis Waldenburg und Postauto bis Langenbruck

 A2 bis Ausfahrt Sissach, weiter nach Liestal, von dort Richtung Waldenburg. Parkplätze am Bahnhof, mit dem Bus nach Langenbruck.

 Landeskarte 1:25 000, Blatt 1088 «Hauenstein» oder Wanderkarte 1:50 000, Blatt 224 T «Olten»

 Gemeindeverwaltung
4438 Langenbruck
Tel. 062 390 11 37
www.langenbruck.ch

 Mittelschwer – schmale Bergwege, teilweise über Stock und Stein, steiler Abstieg nach Waldenburg

Fotos: Ronald Gohl

Der praktisch intakte Bergfried der Ruine Waldenburg überragt die fast vollständig zerstörte Burg. Vorsicht – steil abfallende Felswände!

Ein unverwüstlicher Bergfried

Wiederholt wurde das Schloss Waldenburg im 15. und 16. Jahrhundert Schauplatz von Auseinandersetzungen zwischen den Baslern und Solothurnern. Dabei ging es um Grenzstreitigkeiten. Dabei wurde die Festung angegriffen und belagert, so wie wir es heute von mittelalterlichen Ritterfilmen kennen. Der vollständig erhaltene Bergfried ist das stabilste und älteste Bauteil der Burg – bereits um 1200 erstellt, ist er sogar älter als das Städtchen Waldenburg im Tal unten.

Nachdem Sie Langenbruck von Waldenburg mit dem Postauto erreicht haben, steigen Sie bei der Haltestelle Passhöhe aus und spazieren zunächst leicht abwärts auf der geraden Quartierstrasse dem Dorf zu. Die zweite Linksabzweigung führt Sie hinauf zum Hof Chräiegg, den Sie samt seinem kläffenden Wachhund auf einem schmalen Weglein umgehen. Dieses führt hinunter zum Strässchen und zum ehemaligen Kloster Schöntal, heute Bauerngut und Künstleratelier. Sie nehmen die Strasse geradeaus und wählen beim Punkt 740 die linke Abzweigung, die Ihnen auf Hartbelag die ersten 100 Höhenmeter abringt. Bei der Chlusweid können Sie auf einer Ruhebank verschnaufen, bevor Sie auf dem schmalen Waldpfad weiter den Berg hinaufsteigen. Nach einem letzten, kräftezehrenden Steilaufstieg stehen Sie östlich des Hofs Humbel – welch faszinierende Aussicht die Bewohner doch haben! Sie gehen nun weiter nach Osten über das Humbelbergli und erreichen nach einem weiteren, kaum anstrengenden Aufstieg die Rehhag-Krete. Es folgt ein stellenweise etwas kniffliger Abstieg über Steine und Wurzeln. Trittsicherheit und griffige Schuhe sind erforderlich. Nach viel Wald und Felsen haben Sie endlich die Ruine Waldenburg erreicht, die auf einem Felssporn über dem Städtchen thront. Sie können den markanten Bergfried besteigen oder im Burghof bei der Feuerstelle Würste braten. Kinder sollten nur innerhalb der Burgmauern spielen, denn dahinter gehts steil bergab. Dies gilt vor allem für den Ostausgang neben dem Turm.

Keine Gefahr droht auf dem Weg hinunter ins Tal. Über zahlreiche Serpentinen wandern Sie bis ins Städtchen Waldenburg (sehenswerte Altstadt mit Tor) hinunter, wo Sie am Bahnhof in den Zug zurück nach Liestal steigen bzw. auf dem Parkplatz Ihr Auto wiederfinden. Ein besonderer Leckerbissen sind die Dampffahrten mit der Waldenburgerbahn, diese finden viermal jährlich an einem Sonntag statt. Die Züge schnauben mehrmals hin und her. GA und Halbtax sind bei diesen Sonderfahrten nicht gültig.

Rechts oben: Von dieser Ruhebank geniessen Sie den Tiefblick auf Waldenburg.
Unten: So manch andere Stelle lädt ebenfalls zu einer gemütlichen Ruhepause ein.

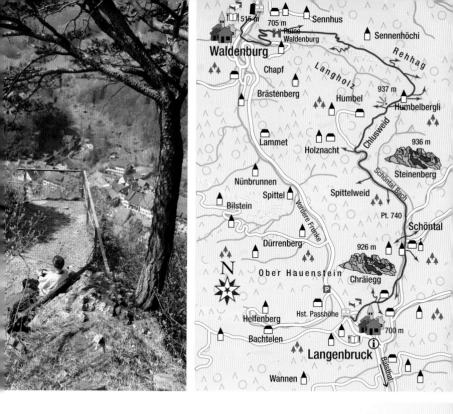

Mittelalterliche Kleinstadt wie aus dem Bilderbuch

In der Schweiz gibt es nur noch wenige Städtchen, die in ihrer Form und in ihren Bauten ans Mittelalter erinnern. Zu diesen Orten gehört Waldenburg im Kanton Basel. Hier wohnen rund 1200 Menschen, die jedoch nicht alle in den stattlichen Gebäuden entlang der drei parallelen Strassen wohnen. Bereits die Römer sollen den Ort im oberen Frenkental gekannt haben, jedenfalls erstellten sie hier einen Wehrbau zur Sicherung des Oberen Hauensteinpasses. Während des frühen Mittelalters soll der Ort im Besitz von elsässischen Mönchen gewesen sein, 1366 kam Waldenburg in die Hände des Bischofs und

tipp:

34 Jahre später zur Stadt Basel. 1833, bei der Gründung des Kantons Baselland wurde Waldenburg Bezirkshauptort. Im Gegensatz zum Schloss hatte man den Ort nie zerstört, so dass seine Bausubstanz der Nachwelt erhalten geblieben ist.

Infos: www.waldenburg.ch

Heimat des «Pepita»

Bestimmt kennen Sie das Eptinger Mineralwasser – wussten Sie aber auch, dass es als eines der ältesten angebotenen Tafelwasser gilt und dass auch das bekannte «Pepita» mit Grapefruitaroma aus Eptingen kommt? Die Produktion befindet sich unweit des Ausgangspunktes Ihrer Wanderung. Leider gibt es in Eptingen keinen Dorfladen mehr, wo Sie sich mit einem «Pepita» oder einem Mineralwasser für den Rucksack eindecken könnten.

Zwetschgenbäume oberhalb von Eptingen (unten), ein Hochplateau unterhalb des Walten (links) und ausgedehnte Tafelberge kurz vor Känerkinden (rechts)

 Mit IR oder S3 bis Sissach, weiter mit dem Bus der Linie 107 bis zur Endstation Eptingen-Gemeindeplatz

 A2 bis Ausfahrt Sissach, weiter über die Hauptstrasse zum Bahnhof, wo es Parkplätze gibt. Mit dem Bus gelangen Sie nach Eptingen.

 Landeskarte 1:25 000, Blatt 1088 «Hauenstein» oder Wanderkarte 1:50 000, Blatt 224 T «Olten»

 Gemeindeverwaltung
4458 Eptingen
Tel. 062 299 12 62
www.eptingen.ch

 Anspruchsvoll – steiler Aufstieg, viele Verzweigungen, schmale Wege – unbedingt Karte mitnehmen

Fotos: Phillipe Cruz

Nach den ersten steilen Höhenmetern gewinnen Sie zu Beginn der Wanderung einen herrlichen Ausblick auf Eptingen und den Kettenjura im Hintergrund.

Ein Blick zurück, der sich lohnt

Ob mit oder ohne «Pepita» im Rucksack, die Wanderung von Eptingen über den Bergrücken des Walten bis nach Buckten verlangt etwas Energie, denn es müssen ordentlich Höhenmeter überwunden werden. Gleich mehrmals gehts bergauf und bergab. Vor allem Familien mit Kindern sorgen dabei für ausreichend Getränke, denn unterwegs gibts keine Tankstellen für durstige Seelen. Die erste «Beiz» nach Eptingen findet man in Känerkinden, also praktisch kurz vor dem Ziel.

In Eptingen merkt man auch gleich was Sache ist – es geht ordentlich bergauf. Von der Bus-Endstation Gemeindeplatz spazieren Sie kurz durchs Dorfzentrum, bevor Sie den Anstieg am Deltenweg in Angriff nehmen. Sie gewinnen rasch an Höhe und der Blick zurück zum hübsch gelegenen Dorf mit den dahinter liegenden Hügeln des Kettenjuras ist erlaubt. Sie werden dabei nicht zur Salzsäure erstarren! Wer sich nicht umgedreht hat, ist selber Schuld, denn schon bald taucht der Weg ins Blätterdach des Waldes und dort gibts nichts mehr zu sehen. Dafür steigen Sie im Zickzackkurs weiter bergauf, im Sommer spendet der Wald willkommenen Schatten. Nachdem Sie 242 Meter bergauf gewandert sind, haben Sie die Höhe von rund 800 m ü. M. erreicht und spazieren ebenwegs zum Punkt 775 am Waldrand des Walten. Hier heisst es aufgepasst, Sie nehmen die Karte zur Hand und wählen den richtigen Weg – nämlich dem Waldrand entlang. Es soll schon Spaziergänger gegeben haben, welche die Foreststrasse hinauf zum 912 Meter hohen Walten nahmen und nach einer Runde zurück nach Eptingen gelangten. Sie geniessen den Ausblick auf das prächtige Hochplateau und verschwinden später wieder im Wald. Hier ist man gut beraten, die Karte gleich in der Hand zu behalten, denn zweimal verzweigt sich der Weg. Sie sind richtig, wenn Sie bei der Bürgisweid wieder offenes Gelände erreichen. Nun haben Sie das Gröbste hinter sich und ein moderater Abstieg über die Wiesen zum Weiler Grosser Dietisberg winkt. Nach einem kurzen Stück Hartbelag, verlassen Sie bei der scharfen Linkskurve das Strässchen und steigen nochmals 19 Meter zum Hasengatter hinauf. Von hier aus gehts definitiv nur noch bergab. Sie haben aber auch die Grenze zwischen dem Ketten- und Tafeljura überschritten, vor Ihnen liegt Känerkinden, ein hübsches Tafeldorf, rund 70 Meter über dem Homburgertal. Bis Buckten ist es nicht mehr weit. Am Ziel angelangt, haben Sie die Wahl mit dem Bus oder Zug nach Sissach zurückzufahren. Der Bahnhof liegt oberhalb des Dorfes.

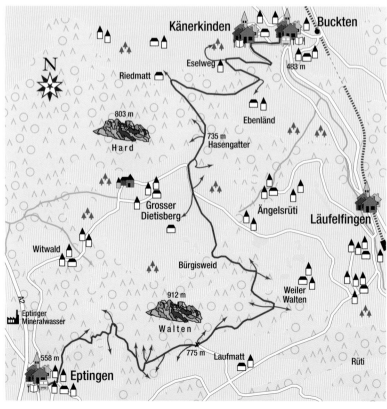

Der Deltenweg oberhalb von Eptingen ist ganz schön steil – anschliessend erwartet Sie ein noch steilerer Zickzack-Waldweg.

Zwischen Bürgisweid und Hasengatter kommen Genusswanderer auf ihre Kosten.

tipp:

Die alte Hauensteinlinie

Als es in der Schweiz noch keine Eisenbahnen gab, war das Reisen beschwerlich. Eine Fahrt von Basel nach Luzern dauerte 20 Stunden, weiter bis Mailand gar 77 Stunden. Die Linie Basel–Liestal, 1854 eröffnet, war die zweite, rein schweizerische Eisenbahnstrecke. Der Kettenjura schien lange ein unüberwindbares Hindernis. Und doch musste der Bahnbau weitergehen. So legte man zunächst die Gleise, teilweise steil ansteigend, durch das Homburgertal bis in den Talkessel von Rümlingen. Dort begann man mit den Arbeiten am ers-

Foto: Sandro Sigrist

ten langen Tunnel Europas. Er sollte auf einer Länge von 2495 Metern den Hauenstein unterqueren. Vier Jahre lang dauerten die Arbeiten, kurz vor der Vollendung ereignete sich ein schweres Unglück, bei welchem elf Arbeiter ums Leben kamen. Am 1. Mai 1958 konnte dann die Strecke Basel–Olten feierlich eingeweiht werden. Erstaunliches Detail: Die Lok mit dem Eröffnungszug, die Ec 2/5 Nr. 28, fährt noch heute und gehört SBB-Historic.

Zur Ruine Homburg

Einer der Höhepunkte Ihrer heutigen Wanderung ist sicher der Besuch der Ruine Neu Homburg. Sie ist auch ein Schulreise-Klassiker, denn alte Burgen haben auch im Zeitalter der digitalen Medien nichts von ihrer Faszination verloren. Gerade Kinder freuen sich, denn die alten Mauern und Bäume rund um den gut erhaltenen Palas der Burg laden zu spannenden Erkundungs-touren ein – rund herum gibt es Picknickplätze mit Feuerstellen.

Buckten (links) liegt an der alten SBB Hauensteinlinie, die Ruine Homburg (rechts) ist ein beliebtes Ausflugsziel für Schulreisen. Unten: Zwischenziel Bad Ramsach.

 Mit IC oder S3 bis Sissach, weiter mit der S9 bis Buck-ten. Direkt hinter der Station beginnt Ihre Wanderung.

 Auf der A2 bis Ausfahrt Sissach, durch den Chienbergtunnel und das Homburgertal bis Buckten (Parkplätze sind rar)

 Landeskarte 1:25 000, Blatt 1088 «Hauenstein» oder Wanderkarte 1:50 000, Blatt 224 T «Olten»

 Gemeindeverwaltung
4446 Buckten
Tel. 062 299 15 77
www.buckten.ch

 Schmaler, steiniger und steiler Aufstieg zur Homburg, später auch Hartbelag und Feldwege

Fotos: Phillipe Cruz

Die ausgedehnten Ruinenanlagen der ehemligen Homburg. Während der franzö-sischen Revolution wurde das Schloss von den Bauern 1798 angezündet.

Steiler Aufstieg – tolles Panorama

Im Dorf und auf den umliegenden Höfen von Buckten brodelte es – die Bauern waren aufgebracht und spornten sich gegenseitig an, sich endlich gegen die Unterdrücker aufzulehnen. Dem Homburger Vogt entgingen die Unruhen bei der Bevölkerung der Umgebung nicht – er brachte sich rechtzeitig samt seinem Gefolge und seiner Habe in Sicherheit. Die Wirren der französischen Revolution hatten auch im Baselbiet alle Rechtsstaatlichkeit aufgehoben und kurz nach dem Silvesterabend wurden die Farnsburg und die Waldenburg geplündert und die Vögte vertrieben. Kaum hatte der Homburger Vogt am 24. Januar 1798 sein Schloss verlassen, zogen die erbosten Bauern mit Fackeln auf den Berg und zündeten die verhasste Burg an. Sie brannte vollständig aus und das Volk jubelte. Jeder im Dorf konnte sich künftig von den übrig gebliebenen Steinen bedienen, so dass die Homburg zu einer bedauernswerten Ruine verkam.

Wenn Sie vom Bahnhof den steilen Aufstieg zur Homburg in Angriff nehmen, denken Sie vielleicht daran, was damals in den Köpfen der Bauern vorgegangen sein muss. Burgen waren verhasste Machtsymbole der Obrigkeiten – endlich Freiheit! Nachdem das letzte Steilstück durch den Wald geschafft ist, stehen Sie vor einer ausgedehnten Burganlage mit einem beinahe intakten Palas, welcher jedoch durch Metallbügel gesichert werden musste. Schilder warnen die Kinder vor dem Klettern auf den Ruinen – Absturzgefahr. Ihr weiterer Weg führt Richtung Osten durch den Homberger Wald zum Kurhotel Bad Ramsach. Wer die Wanderung an einem Wochenende unternimmt, sollte sich hier eine Übernachtung gönnen. Als Abendprogramm bietet sich die Besteigung des Wisenbergs (1001 m ü. M.) mit traumhafter Aussicht.

Egal ob am nächsten Morgen oder noch am gleichen Nachmittag nach einem Zvieri auf der Sonnenterrasse des Kurhotels – der Weg führt jetzt nach Nordosten, zunächst auf Hartbelag, später auf Wald- und Feldwegen zur Hofmatt, wo Sie wieder in eine Teerstrasse einbiegen. Ein kleiner Aufstieg von nur 22 Metern bringt Sie zum nächsten Bauernhof von Mapprach, bevor dann der Abstieg über Sprüssel ins Dorf Zeglingen folgt. Von Zeglingen aus fährt ein Bus nach Gelterkinden, wo meist Anschluss an den InterRegio nach Basel und Olten besteht.

Foto: Phillipe Cruz

Oberbaselbieter Panorama – kurz vor Ihrer Ankunft am Zwischenziel Bad Ramsach geniessen Sie diesen Blick auf die Basellandschäftler Hügellandschaft.

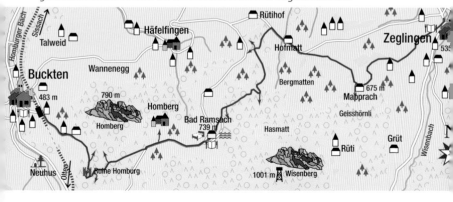

Heilende Wasser

Seit über 500 Jahren fliesst aus der Hausquelle das hochwertige Calzium-Sulfat-Mineralheilwasser. Das Kurhotel Bad Ramsach ist vom Eidgenössischen Departement des Innern als Schweizer Heilbad im Sinne von Artikel 40 KVG anerkannt. Die Indikationenliste vom Amt für Balneologie und Klimatologie gibt Auskunft über die günstigen Auswirkungen des Heilbades auf den menschlichen Körper.

Die Quelle liegt am Nordwesthang des Wisenbergs. Aus den Mergeln des Jura-Muschelkalks bezieht das Heilwasser seine Mineralisation mit einem sehr grossen Anteil an Calcium und Sulfat. Doch nicht nur im Bad findet das Wasser Verwendung. Gekühlt, mit oder ohne Kohlensäure, ist das frisches Quellwasser im Restaurant und Hotel erhältlich. Das Wasser schmeckt sehr mild und angenehm, es tritt keine bittere Note auf.

Viermal täglich fährt ein Gratis-Shuttlebus zum Bahnhof Läufelfingen (Extrafahrten Fr. 5.00, ab drei Personen Gruppenpreis Fr. 15.00 pauschal). Jeweils Samstags von 13.30 bis 15.30 ist Kinderplausch angesagt: Spritzen und Hineinspringen ins Schwimmbad sind erwünscht!

Ein weiteres Highlight ist der Wisenberg (Marschzeit 40 min). Oben angekommen, kann man auf den gebührenfreien Aussichtsturm steigen und das 360-Grad-Panorama bis zu den Alpen bewundern.

Fotos: Hotel Bad Ramsach

Kurhotel Bad Ramsach
4448 Läufelfingen
Tel. 062 285 15 15
www.bad-ramsach.ch

Die Sonnentour

Vor vielen tausend Jahren bildeten die Tafeln des Juras eine einzige Hochebene, die Gewässer haben sich aber im Laufe der Zeit tief in den Kalkstein eingegraben und die Täler gebildet. So auch im Gebiet zwischen Rümlingen im Homburgertal und Rünenberg, das sich rund 125 Meter höher auf einem Tafelberg befindet. Die Gewässer entspringen meist im Kettenjura und durchfliessen die Täler des Tafeljuras in Richtung Rhein.

Nach kleinen Aufstiegen folgen meist schön gelegene Aussichtspunkte (oben). Besonders spannend für Jungs ist der Dschungelpfad am Schluss der Tour (unten).

 Mit IR bis Sissach, weiter mit den Bussen 108 bis Rümlingen und 109 bis Häflingen (nur MO–FR)

 A2 bis Ausfahrt Sissach, weiter über die Hauptstrasse zum Bahnhof (Parkplätze). Mit dem Bus gelangen Sie nach Häflingen-Dorf.

 Landeskarte 1:25 000, Blätter 1088 «Hauenstein» und 1068 «Sissach» – Wegführung nicht immer klar

 Gemeindeverwaltung
4497 Rünenberg
Tel. 061 983 02 60
www.ruenenberg.ch

 Mittelschwer – häufiges Auf und Ab, bei Schöffleten verbuschter Waldpfad, nicht für Kinderwagen

Fotos: Loi To

Kinder begreifen auf dieser Wanderung schnell, was Tafelberge sind – die Landschaft könnte im Vergleich zu den tief eingeschnittenen Tälern nicht unterschiedlicher sein.

Durch den Schöffleten-Dschungel

Theoretisch könnten Sie Ihre Tour bereits in Rümlingen beginnen und dabei das berühmte, 128 Meter lange Bahnviadukt unterqueren, welches auf eine interessante Geschichte zurückblicken kann. Die acht Bogen, welche das Eimatttal überspannen, wurden in nur 17 Monaten zwischen Mai 1855 und Oktober 1856 hochgemauert. 90 Arbeiter waren in insgesamt 27 000 Tagesschichten beschäftigt. Rümlingen erreichen Sie entweder mit dem Bus der Linie 108 oder mit der S9. Die Bahnhaltestelle befindet sich unmittelbar vor dem Viadukt.

Wenn Sie bereits in Rümlingen starten (Samstag und Sonntag), sollten Sie steile Aufstiege nicht scheuen und trittfeste Schuhe dabei haben, denn der Weg führt ziemlich schroff den Hang hinauf. Wer gemütliche Wanderungen bevorzugt, startet deshalb im kleinen Dorf Häfelfingen, das mit dem Postauto erreicht wird.

Von der Postautohaltestelle «Dorf» gehen Sie wenige Schritte durch den Dorfkern. Viel gibt es nicht zu sehen, denn die eigenständige Gemeinde ist klein und weist knapp 300 Einwohner auf. Immerhin gehört zum Gemeindegebiet der über 1000 Meter hohe Wisenberg. So weit führt Ihre Wanderung zum Glück nicht bergauf. Häfelfingen selbst liegt auf 555 m ü. M. Nach dem kurzen Stück auf der Hauptstrasse, die ihrem Namen keine Ehre macht,

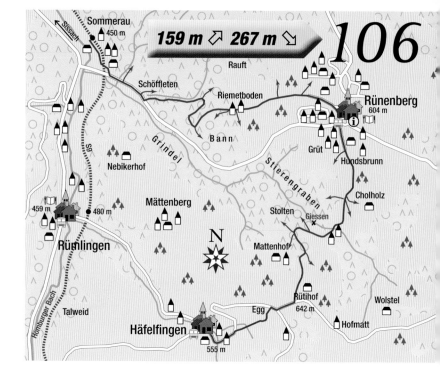

zweigen Sie in den Eggweg ab, der Sie über freie Felder die Anhöhe hinaufführt. Bei Egg überqueren Sie die Hauptstrasse und wandern Richtung Rütihof, wenig später erreichen Sie den Waldrand und bei Stolten achten Sie auf den Wegweiser Richtung Rünenberg. Den Stierengraben werden Sie noch bei der Wanderung Rünenberg–Zeglingen–Oltingen (Seite 110) erkunden, deshalb gehen Sie aussen rum, um über Cholholz und Hundsbrunn das Dorf Rünenberg zu erreichen. Sie durchqueren den Westteil des sonnigen Baselbieter Dorfes und schwenken in die Schulstrasse ein. Bei Riemetboden erreichen Sie wieder den Waldrand. Nun gehts nur noch bergab, zunächst auf einem guten Weg, weiter unten wird dieser schmaler – und zwar so eng und verbuscht, dass man sich fast wie im Amazonasgebiet fühlen könnte. Den meisten Jungs gefällt das, sie hätten am liebsten gleich ein Buschmesser dabei. Man sollte hier auf Zecken achten, dass heisst, keine kurzen Hosen und T-Shirts tragen – ist natürlich schwierig im Hochsommer. Deshalb empfiehlt sich diese Wanderung eher für einen sonnigen Tag im Oktober oder November. Dann spriessen auch überall Pilze aus dem Boden. Wer Pilze sammelt, muss diese unbedingt bei einem Pilzkontrolleur vor dem Verzerr prüfen lassen. In Sommerau haben Sie die Bahnstation der S9 erreicht, der Zug bringt Sie stündlich zurück nach Sissach.

Rünenberg – Sonnenterrasse der Nordwestschweiz

Das Baselbieter Dorf Rünenberg mit knapp 800 Einwohnern liegt auf einer Höhe von 604 m ü. M. Oben auf dem Tafelberg, nur wenige Fahrminuten von Sissach und Liestal entfernt, lässt es sich gut leben. Wen es aufs Land zog, hat hier eine schöne Bleibe gefunden. So ist das Dorf in den letzten 50 Jahren stark gewachsen. Der eigentliche Dorfkern ist nur klein, rund um diesen zieht sich ein dichtes Netz an Einfamilienhäusern, die eigentlich das Landschaftsbild nicht gross stören. Kein Berg wirft

Gleich zwei «Hoflädeli» liegen auf Ihrer Route – ob Sie noch eine hausgemachte Konfitüre benötigen?

Im Wald oberhalb von Sommerau gibts einiges zu entdecken, z. B. viele Pilze.

hier Schatten, so dass sich Rünenberg einer ausserordentlich langen Sonnenscheindauer rühmen darf. Auch das Panorama kann sich sehen lassen, es reicht an klaren Tagen bis weit in den Schwarzwald hinein. Wer aufs öffentliche Verkehrsmittel angewiesen ist, muss nicht auf den abendlichen Kino- oder Theaterbesuch verzichten, der letzte Bus von Sissach nach Rünenberg fährt kurz vor Mitternacht.

Dörfliches Ambiente

«Vo Schönebuech bis Ammel, vom Bölche bis zum Rhy…» – das alte Volkslied erinnert so manchen an die Schulzeit. Ammel ist die Baselbieter Bezeichnung für Anwil (588 m ü. M.), den Ausgangspunkt Ihrer heutigen Wanderung. Schönenbuch liegt im westlichsten, Anwil im östlichsten Zipfel des Kantons Baselland. Zumindest war dies so, bis das Laufental zum Kanton kam.

Kirschbaumblüte auf den Tafelbergen, im Hintergrund der Kettenjura mit dem Wisenberg (rechts). Dieser prächtige Baselbieter Hof (unten) steht in Wenslingen.

 Mit dem InterRegio bis Gelterkinden, weiter mit dem Postauto (Linie 102) bis Anwil-Post

 A2 bis Ausfahrt Sissach, weiter über die Umfahrung nach Gelterkinden und entlang der Ergolz nach Anwil. Wenige Parkplätze im Ort.

 Wanderkarte 1:50 000, Blätter 214 T «Liestal» und 224 T «Olten» – Wege sind gut markiert.

 Gemeindeverwaltung
4469 Anwil
Tel. 061 991 07 90
www.anwil.ch

 Mittelschwer – meist auf schönen Feldwegen, teils asphaltiert; steiler, rutschiger Abstieg nach Tecknau

Fotos: Vally Gohl

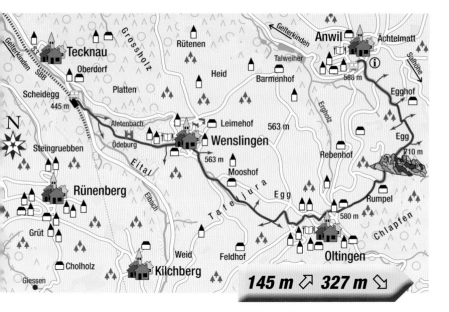

145 m ↗ 327 m ↘

Traktoren und Turnverein inklusive

Das Dorf Anwil gibt sich betont ländlich – überall Bauernhäuser, Traktoren und Misthaufen. Auch die Freizeitaktivitäten sind dörflich geblieben: Frauenverein, gemischter Chor, Samariterverein, Schützenverein, Turnverein.

Sie spazieren einige Meter durch Anwil und biegen beim Dorfplatz in Richtung Süden ab. Dem Wegweiser folgend, steigen Sie den Hang bis in die Nähe des Egghofs hinauf. Diesen lassen Sie links liegen und streben höheren Zielen zu. Die letzten Höhenmeter bringen Sie zu einen namenlosen Berg, der nur mit 710 Metern auf der Karte angeschrieben ist. Hier erreichen Sie die Teerstrasse, auf der Sie wieder abwärts bis zum Bauernhof Rumpel marschieren. Jetzt biegen Sie vom Strässchen links ab und freuen sich über den angenehmen Feldweg, der bis ins Dorf Oltingen hinunter führt. Sie gehen weiter und folgen den gelben Wegweisern nach Wenslingen. Natürlich spazieren Sie nicht auf der Strasse, sondern nehmen den Wanderweg, der weiter südlich in die gleiche Richtung führt. Nach einem Fussmarsch von weiteren 40 Minuten haben Sie das Bauerndorf Wenslingen erreicht. Hier könnten Sie ins Postauto steigen, das nach Gelterkinden fährt. Die meisten sind noch nicht müde und nehmen die restlichen 45 Minuten bis Tecknau in Angriff, zumal der Weg über die Ruine Ödeburg stetig bergab führt. Schliesslich erreichen Sie den Bahnhof Tecknau, von wo aus Sie mit der S3 oder dem Postauto zurück nach Gelterkinden fahren.

Liebliches Auf und Ab

Die Gesteinsschichten des Tafeljuras sind nicht gefaltet, sondern liegen waagrecht. Aus diesem Grund ist die Landschaft nicht so schroff wie bei dem im Süden angrenzenden Kettenjura, sie wellt sich vielmehr lieblich auf und ab und bietet den Bauern fruchtbares Ackerland. Die Tafeldörfer Rünenberg, Kilchberg, Zeglingen und Oltingen sind klein geblieben – einige Einfamilienhäuser am Dorfrand, viele Bauernhöfe.

Von Rünenberg (links) senkt sich der Weg leicht gegen Cholholz (unten). Zeglingen ist ein typisches Baselbieter Bauerndorf mit stattlichen alten Häusern (rechts).

Mit dem IR bis Gelterkinden, weiter mit dem Postauto (Linie 104) bis Rünenberg, Frohe Aussicht

A2 bis Ausfahrt Sissach, weiter über die Umfahrung nach Gelterkinden – Auto am Bahnhof parken und mit dem Postauto nach Oltingen

Landeskarte 1:25 000, Blatt 1088 «Hauenstein» oder Wanderkarte 1:50 000, Blatt 224 T «Olten»

Gemeindeverwaltung
4497 Rünenberg
Tel. 061 983 02 60
www.ruenenberg.ch

Mittelschwer – für die Durchquerung des Stierengrabens sind trittfeste Schuhe erforderlich.

Fotos: Vally Gohl

360 m ↗ 384 m ↘

Im Stierengraben zum Giessen-Wasserfall

Der Ausgangspunkt Ihrer Wanderung durch die Tafelberge im östlichen Baselbiet ist das Dorf Rünenberg, das Sie von Gelterkinden mit dem Postauto erreichen. Bei der Haltestelle «Frohe Aussicht» steigen Sie aus dem Bus und nehmen die Strasse rechts, welcher Sie etwa 50 Meter bis zur Kreuzung im Dorfkern folgen. Nachdem Sie den Wanderwegweiser entdeckt haben, folgen Sie diesem nach Süden in Richtung Cholholz. Um nicht weiter auf Hartbelag wandern zu müssen, zweigen Sie rechts ab und steigen den Wald im Stierengraben hinunter. Sie überqueren ein kleines Bächlein und entdecken den sprudelnden Giessen-Wasserfall. Ein leichter Anstieg führt auf der gegenüberliegenden Seite des Tobels hinauf zum Rütihof, von wo aus Sie einen herrlichen Blick über die Tafelberge geniessen. Sie wandern ein kleines Stück weiter auf der Strasse, verlassen diese dann wieder, um über den Hof Mapprach nach Zeglingen zu gelangen. Sie spazieren mitten durchs Dorf und bewundern die vielen typischen Baselbieter Höfe mit Stube und angrenzendem Tenn (Scheune) und Stall. Von Zeglingen wandern Sie zunächst nach Osten und zweigen dann ausserhalb des Dorfes links ab, um an der Flanke der Zigflue einen grösseren Aufstieg zu bewältigen. Wenn es im Sommer heiss ist, sind Sie froh, nun ein Stück durch den kühlen Wald gehen zu können. Sobald Sie den Waldrand erreicht haben, erkennen Sie auch schon Ihr Ziel, das Dorf Oltingen. Mit dem Postauto (Linie 103) fahren Sie über Tecknau zurück nach Gelterkinden.

GoEasy Center

Damit nie mehr Unstimmigkeiten bei der Auswahl des Ausflugszieles entstehen: Verbinden Sie Ihren Wanderausflug mit dem Besuch im GoEasy – es liegt mittendrin im Wanderparadies und ist zudem gut erschlossen für die Anreise mit dem Auto oder den öffentlichen Verkehrsmitteln. Hier finden Sie für jeden in der Gruppe etwas. Für die Rennfahrer, die Bowlingchampions, Game-Interessierte und Gourmets!

Billard, Dart, Tischfussball, GoKart und viele weitere Spiele stehen im ganzen Center zur Verfügung. Ausserdem: Eine Event- & Konzerthalle für rund 800 Personen.

 Mit dem InterRegio bis Brugg, weiter mit dem Bus bis Siggenthal-Würenlingen, von dort wenige Minuten zu Fuss

 A3 bis Ausfahrt Effingen (vor dem Bözbergtunnel), weiter über Brugg nach Siggenthal Station. Parkplätze direkt beim GoEasy Center

 Dienstag bis Freitag ab 14.00 Uhr, Wochenende ab 13.00 Uhr, Montag geschlossen

 GoEasy, Industrie Hard
5301 Siggenthal Station
Tel. 056 20 00 333
www.goeasy.ch

 Das grosszügige Restaurant im 1. Stock mit Aussenterrasse lädt zum Verweilen und Geniessen ein!

Fotos: GoEasy

12 moderne Bowlingbahnen, davon 6 Kinderbahnen mit autom. Seitenbanden - neuste Computertechnik ermöglicht ein Bowlingerlebnis, welches in der Schweiz einzigartig ist!

Kart, Bowling, Billard, Dart und vieles mehr

Die GoEasy-Kartbahn hat eine Fahrbahnlänge von 520 Meter und ist damit die zweitlängste Indoor-Kartbahn der Schweiz. Die verschiedenen Streckenteile mit temporeichen, sowie techniklastigen Passagen machen die GoEasy-Kartbahn zu einer anspruchsvollen Bahn, wobei sie auch für Anfänger gut zu meistern ist. Der topfebene Asphalt lässt hohe Geschwindigkeiten zu, bestraft jedoch Fehler konsequent. Für Kinder gibt es spezielle Kinderkarts, welche dank Kopfstützen und Sicherheitsgurten die jungen Fahrer schützen. Die mit dem umweltfreundlichen Flüssiggas betriebenen Motoren bieten alles was es für ein einzigartiges Rennerlebnis braucht: Der Sound der Motoren, hohes Tempo und echtes Renn-Feeling auf Geraden und in Kurven. Rennspass ohne Umweltverschmutzung!
Die Bowlingbahnen sind zertifiziert und erfüllen die höchsten Ansprüche für Hobby- und Profi-Bowler. Zusätzlich wird das Vergnügen durch ein einzigartiges Scoring-System erhöht. Im GoEasy Center sitzt man nicht auf schmalen Plastikstühlen an viel zu kleinen Tischchen. Nein, man macht es sich auf geräumigen Sofas gemütlich und stellt seine Getränke auf grosszügige Loungetischchen. Im Game-Bereich finden Sie Billardtische, Tischfussball, Dartscheiben und Photo Play Automaten.

Sauriermuseum Frick

Ein Ausflug nach Frick lohnt sich an einem Sonntag nachmittag aus zwei Gründen – erstens können Sie einen gemütlichen Spaziergang unternehmen, dabei folgen Sie den gelben Saurierspuren – zweitens gibt es im Ort ein Sauriermuseum, das ein vollständiges Skelett eines Plateosauriers und weitere Attraktionen bietet. Kleine und grosse Saurierforscher können zudem am Klopfplatz selber nach Fossilien suchen.

Folgen Sie den Saurierspuren (unten)! Sie kommen zum Klopfplatz, wo Sie selber nach Ammoniten, Belemniten oder Muscheln graben können.

 Sauriermuseum Frick
Schulstrasse 22, 5070 Frick
Tel. 062 865 28 06
www.sauriermuseum-frick.ch

 Direkte InterRegio-Züge ab Basel oder Zürich bis Frick. Ab Basel auch mit der S1 (etwas langsamer als der IR)

 Auf der A3 bis Ausfahrt Frick, im Zentrum Richtung Wittnau – Museum und Parkplatz nach 500 m beim Schulhaus

 Das Museum ist jeden Sonntag von 14.00 bis 17.00 Uhr geöffnet (leider nicht rollstuhlgängig).

 Ganzjährig mögliche Wanderung, ca. 1 h, breite und gut markierte Wege, auch mit Kinderwagen

Fotos: Sauriermuseum Frick

Die untere Etage des Sauriermuseums ist den Landlebewesen der Triaszeit gewidmet, darunter der Plateosaurus

Auf der Suche nach Fossilien

Zwischen den sanften Hügeln, die zum Tafeljura gehören, liegt das Aargauer Dorf Frick. Hier starten Sie zu einer kleinen Wanderung, die vor allem für Kinder spannend ist, denn sie können hier nicht nur ihre Dino-Lieblinge im Sauriermuseum entdecken, sondern auf einem kleinen Rundgang selbst Grabungen wie ein Wissenschaftler unternehmen. Hammer, Meissel und Schutzbrille müssen allerdings selbst mitgebracht werden. Am Bahnhof Frick gibt es eine Infotafel mit Angaben zum Wegverlauf. Der Weg führt abwechslungsreich über die kleine Bruggbach-Brücke, durch ein Wohnquartier, quert die Bahnhofstrasse und steigt dann zur reformierten Kirche hinauf. Kurz vor dem Gotteshaus zweigt ein Fussgängerweg ab und bringt Sie zur Überführung über die Bahngleise. Unmittelbar danach weist der Wegweiser nach links zum Klopfplatz und Wälchligarten, für den auf der Gemeinde oder im Museum ein Schlüssel bezogen werden kann – und wo man auch grillieren oder picknicken kann. Verpflegung aus dem Rucksack (ohne Feuerstelle) ist aber auch unterwegs auf Bänklis oder am Klopfplatz möglich. Entlang des Weges gibt es an acht Stationen auf öffentlichen Schautafeln viel Interessantes aus der Welt der Dinosaurier zu erfahren. Vor oder nach der Wanderung lohnt sich der Besuch des Sauriermuseums – dank seiner Überschaubarkeit auch für Familien geeignet.

Bunte Laubwälder

Im Westen des Aargauer Ortes Frick erheben sich die bewaldeten Rücken von Homberg und Tiersteinberg. Sie sind nach den gleichlautenden Burgen benannt, von welchen es aber nicht mehr viel zu sehen gibt. Die Wanderung ist vor allem im Frühjahr und im Herbst lohnend. Im Oktober und November leuchten die Laubwälder in den schönsten Farben, im April/Mai erfreut man sich über die blühenden Kirschbäume und die vielen Löwenzahnfelder.

Vorbei an herbstlich bunten Kirsch- und Apfelbäumen oberhalb von Gipf und dem Waldrand entlang wandern Sie hinauf zur Ruine Alt-Tierstein.

 Mit dem InterRegio bis Frick, umsteigen ins Postauto (Linie 136, Richtung Oberhof) bis «Alte Post»

 Auf der A3 Basel–Zürich bis Ausfahrt Frick. Parkplätze beim Bahnhof benützen und mit dem Postauto bis «Alte Post» fahren.

 Landeskarte 1:25 000, Blatt 1069 «Frick» oder Wanderkarte 1:50 000, Blatt 214 T «Liestal»

 Gemeindekanzlei
5073 Gipf-Oberfrick
Tel. 062 865 80 40
www.gipf-oberfrick.ch

 Mittelschwer – meist Wald- und Forstwege, am Homberg steil – nur mit griffigen Wanderschuhen

Fotos: Loi To

Der Grundriss der Burgruine Alt-Tierstein, die auf einem Bergsturzblock liegt, zeugt von mehreren An- und Umbauten. Ihr Schicksal liegt aber im Dunkeln.

Vom Homberg zum Tiersteinberg

Mit knapp 5000 Einwohnern zählt Frick zu den bevölkerungsreichsten Gemeinden im oberen Fricktal. Während andere ländliche Regionen im Tafeljura stark unter der Landflucht litten, hat sich die Einwohnerzahl von Frick seit 250 Jahren praktisch verzehnfacht. Das ist vor allem auf die gesunden Mischung von Industrie, Dienstleistungsbetrieben und Landwirtschaft zurückzuführen. Heute bietet der Ort über 3200 Arbeitsplätze.

Ihre Wanderung von Gipf-Oberfrick nach Schupfart beginnt bei der Haltestelle Alte Post, Sie fahren also zunächst vom Bahnhof Frick mit dem Postauto ein kurzes Stück Richtung Südwesten. Nachdem Sie ausgestiegen sind, folgen Sie wenige Schritte der Landstrasse in Richtung des weiterfahrenden Postautos und zweigen anschliessend in die Hofstrasse ab. Dieser folgen Sie etwa 500 Meter, danach rechts und die zweite Strasse links, vorbei an den Einfamilienhäusern im Steinenweg. Jetzt sind Sie auf dem richtigen Weg und bestimmt haben Sie auch schon die Wanderwegweiser und gelben Wegzeichen entlang Ihrer Route entdeckt. Sie marschieren am grossen Bauernhof vorbei und gelangen an den Waldrand. Nun folgt ein steiler Aufstieg zur Ruine Alt-Homberg, insgesamt überwinden sie auf diesem Teilstück 306 Höhenmeter. Der Weg im Wald ist steinig und nach Regenfällen auch rutschig,

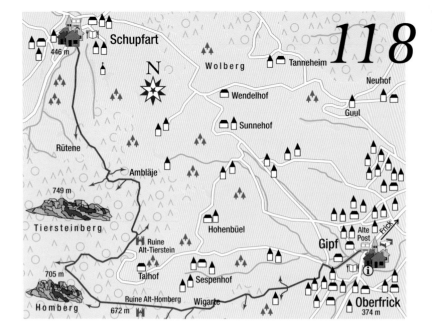

deshalb ist Vorsicht geboten. Von der Ruine Alt-Homberg (nicht zu verwechseln mit der Homburg) können nur noch spärliche Mauerreste entdeckt werden. Die Burg wurde beim grossen Erdbeben von Basel (1356) vollständig zerstört. Es folgt ein angenehmes, ebenes Wegstück durch den Wald bis Sie zur Ruine Alt-Tierstein gelangen.

Hier sind mehr Mauerreste zu sehen, welche zu ausgedehnten Erkundungen einladen. Alt-Tierstein war einst die Stammburg der Grafen von Tierstein. Im 15. Jahrhundert wurde sie von der Familie aufgegeben, warum sie danach zerfallen ist, gibt die Geschichte nicht Preis. Jedenfalls ist die Burg von der Landkarte verschwunden, bis ihre Mauerreste in den 1930er-Jahren ausgegraben und konserviert wurden. Nochmals gehts etwa 30 Meter im Wald bergauf, danach spazieren Sie über Rütene 214 Meter hinunter ins Dorf Schupfart. Rückfahrt via Mumpf (umsteigen) mit Postauto und S1 nach Frick.

Goldener Herbst – oder wenn im Tiersteinwald das Laub unter den Füssen raschelt.

Knatternde Propeller

Schupfart ist ein kleines, kompaktes Dorf am Fusse des Tiersteinberges. Zahlreiche Wald- und Feldwege laden zu schönsten Wanderungen über die Tafelberge des Juras ein. Hauptattraktion des Ortes ist aber zweifellos der Flugplatz – dort gibt es auch ein Restaurant und einen grossen Spielplatz für Kinder. Ihre Wanderung von Schupfart über Hellikon nach Wegenstetten führt direkt am Flugplatz vorbei.

Am Flugplatz Schupfart ist meistens etwas los – seien es startende Flugzeuge bzw. Helikopter oder der Spielplatz. Unten: Abstieg durch den Wald oberhalb von Hellikon.

S1 Basel–Mumpf, umsteigen ins Postauto (Linie 90) Richtung Wegenstetten bis Schupfart-Dorf

Auf der A3 Basel–Zürich bis Ausfahrt Eiken. Im Dorf die Abzweigung Richtung Schupfart beachten. Parkplätze beim Flugplatz.

Landeskarten 1:25 000, Blätter 1069 «Frick» und 1068 «Sissach» – gut markierte Wanderwege

Gemeindeverwaltung
4325 Schupfart
Tel. 062 871 14 44
www.schupfart.ch

Leicht – meist ebenwegs über schöne Hochplateaus, auch schmale Waldwege, nicht mit Kinderwagen

Fotos: Loi To

Die Schönheit und Weite der Fricktaler Tafelberge veranschaulicht dieses Bild auf dem schnurgeraden Feldweg zwischen Hersberg und Wabrig.

Ausgedehnte Tafelberge

Je nach dem, ob Sie mit dem Postauto oder mit dem Auto anreisen, beginnen Sie Ihre Wanderung im Dorf von Schupfart oder am Flugplatz. Hier findet sich leichter ein Parkplatz als im Dorf. Die Postautohaltestelle «Dorf» befindet sich in unmittelbarer Nähe von Gemeindekanzlei, Kirche und Post im Zentrum von Schupfart. Das Dorf ist überschaubar und so kann kaum jemand falsch gehen. Sie spazieren etwa 50 Meter in jene Richtung zurück, aus welcher Sie mit dem Postauto gekommen sind, danach zweigen sie links in die Turnhallenstrasse ab. Sie kommen natürlich am Schulhaus bzw. der Turnhalle vorbei und gehen über die Kreuzung in einem leichten Linksbogen Richtung Flugplatz. Kurz säumen noch einige stattliche Einfamilienhäuser den Weg, danach erwartet Sie das freie Feld.

Schon von weitem hören Sie vor allem an Wochenenden das Knattern der Propeller. Hier ist es vorbei mit der Ruhe der Natur, doch schliesslich bringt das auch Abwechslung in die Wanderung – und die Kids können es kaum abwarten, die startenden und landenden Flugzeuge zu beobachten. Der Aufenthalt am Flugplatz ist natürlich nicht in der Wanderzeit mit eingerechnet. Auch der Spielplatz ist ein richtiger Magnet und verzögert mit Sicherheit den Weitermarsch – also sollte man an diesem Nachmittag genü-

Attraktiv für Kinder: Unterwegs kann auch mal ein Pony gestreichelt werden.

gend Zeit einplanen. Nachdem sich alle von dem Ort trennen konnten, gehts über freie Felder weiter und Sie geniessen dabei die Weite der Landschaft. Auf der Höhe von Wabrig gelangen Sie zuerst zu einem Ponyhof. Vielleicht lassen sich die putzigen Tiere streicheln? Anschliessend erreichen Sie den ersten Wald des Tages. Auf einem schmalen Weg steigen Sie ins Dorf Hellikon ab. Im Herbst raschelt das Laub unter Ihren Schuhen. Der Ort gehört wie Schupfart oder Wegenstetten zum Kanton Aargau. Sie queren die Hauptstrasse, nehmen die Schulstrasse und zweigen bei der Gemeindekanzlei links in den Bündtenweg ab. Wenn Sie am Friedhof vorbeikommen, sind Sie auf dem richtigen Weg. Nach der Kapelle nehmen Sie ein Waldsträsschen, das leicht bergauf führt. Schon bald gelangen Sie wieder aufs freie Feld. Sie wandern auf Schotterwegen, bei einem grossen Hühnerhof können Hunderte freilaufende Tiere beobachtet werden. Bis Wegenstetten ist es von hier aus nicht mehr weit, bereits erkennen Sie den Kirchturm. Noch ein paar Meter abwärts, teils über Treppenstufen, und schon stehen Sie bei der Bushaltestelle «Post». Direkte Busse zurück nach Schupfart (falls dort das Auto steht) sind selten. Deshalb könnten Sie auch über Hersberg zurück zum Flugplatz wandern (ca. 25 Minuten).

Wein am Sonnenberg

Über den Dächern des basellandschäftler Dorfes Maisprach erhebt sich der 632 Meter hohe Sonnenberg – ein beliebtes Naherholungsgebiet, das nur zu Fuss erreicht werden kann. Auf dem höchsten Punkt erwartet Sie ein Aussichtsturm mit Kiosk, wo Sie sich mit einfachen Snacks verpflegen können. Dazu gibts zahlreiche Feuerstellen mit Bänken und einige einfache Spielgeräte für die Kinder.

*Links: In Buus, Maisprach und Magden reifen Weintrauben in den Rebbergen.
Rechts: Blick auf Maisprach. Unten: Meist wandern Sie auf breiten Schotterwegen.*

Fotos: Loi To

 Mit dem InterRegio bis Gelterkinden, umsteigen ins Postauto (Linie 100) und bis Buus-Dorf fahren.

 Auf der A3 Basel–Zürich bis Ausfahrt Rheinfelden-Ost. Via Magden nach Buus. Wenige Parkplätze bei der Bushaltestelle «Dorf».

 Landeskarte 1:25 000, Blatt 1068 «Sissach» oder Wanderkarte 1:50 000, Blatt 214 T «Liestal»

 Gemeindekanzlei
4312 Magden
Tel. 061 845 89 00
www.magden.ch

 Mittelschwer – stetig bergauf auf guten Wegen und nicht zu steil, am Sonnenberg schmaler Waldpfad

Zwischen Waldrand und Rebberg

Die Wanderung über den Sonnenberg beginnen Sie am besten in
Buus, denn gegenüber dem Ausgangspunkt Magden sparen Sie auf
diese Weise immerhin 117 Höhenmeter. Während Magden zum
Kanton Aargau gehört, liegen Maisprach und Buus auf dem Boden
des Kantons Baselland. Die Kantonsgrenze verläuft exakt über den
Gipfel des Sonnenbergs. Das Waldreservat auf dem Bergrücken
wird gut gepflegt und unterhalten, für Wanderer stehen zahlreiche
Rastplätze mit Feuerstellen zur Verfügung, so dass sich die Mit-
nahme von ausreichend Cervolas lohnt. Auf den befestigten
Waldstrassen begegnen sich Wanderer, Mountainbiker und Reiter.
Von der Bushaltestelle Maisprach-Dorf macht der Wanderweg-
weiser auf einen eineinhalbstündigen Aufstieg zum Sonnenberg
aufmerksam. Das sollte nicht abschrecken, denn die Steigung ver-
läuft meist moderat und zudem werden Sie mit einer prächtigen
Aussicht auf die Dörfer Maisprach und Magden belohnt.
Sie spazieren zunächst ein Stück auf der Dorfstrasse Richtung
Maisprach und biegen nach ungefähr 200 Metern rechts in den
Laigweg ein. Hier beginnt auch schon der Aufstieg, zunächst auf
Hartbelag, später auf einem Feldweg zwischen Waldrand und
Rebberg. Sie gewinnen entlang der Flanke des 599 Meter hohen
Schönenbergs zusehends an Höhe und erreichen nach der

Sie wandern häufig dem Waldrand entlang, vor allem während Ihres Aufstiegs von
Buus zum Chli Sonnenberg, und geniessen dabei den Ausblick in den Schwarzwald.

Weitläufiges Panorama mit Acker- und Weidland oberhalb des Strickhofs bei Magden – im Herbst manchmal auch etwas windig und ideal zum Drachensteigen.

Wegverzweigung bei Egg den Chli Sonnenberg. Nachdem Sie in den Wald gelangt sind, wird der Pfad steiler, dank dem Blätterdach geraten Sie auch im Hochsommer nicht arg ins Schwitzen. Auf 632 m ü. M. angekommen, ist eine gemütliche Ruhepause fällig. Weil auch andere auf diese Idee kommen, gibt es ausreichend Feuerstellen und Sitzgelegenheiten.

Nach einem kurzen, etwas steileren Abstieg durch den Wald erreichen Sie bei Blyk wieder offenes Gelände. Der Kontrast könnte nicht grösser sein – nach dem eingeschränkten Blick im Wald erwartet Sie ein herrliches Panorama über die Tafelberge des Baselbieter Juras. Es bleibt der Abstieg entlang von Weinbergen nach Magden, wo Sie wieder ins Postauto (Linie 100) steigen.

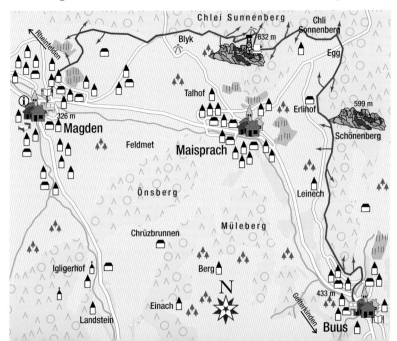

Wo die Störche fliegen

Ohne die Salinen in Möhlin würde der winterliche Strassenverkehr in der Schweiz zusammenbrechen. Doch die Aargauer Gemeinde am Rhein hat weit mehr zu bieten als Salz und eine prosperierende Industrie. Hier gibts viel intakte Natur, tiefe Wälder, ein interessantes Gebiet für Ornithologen und eine Storchenkolonie – und vor allem: schönste Wanderwege entlang des Rheins und in einem ausgedehnten Waldgebiet.

Gut eingerichtete und idyllisch gelegene Feuerstelle direkt am Ufer des Rheins – ein Abstecher führt zum Römerkastell – Rollstuhlfahrer Achtung: –/+16% auf 74 m!

 Mit der S1 von Basel nach Möhlin. Von Mumpf (nächster Bahnhof) fährt ein direkter Bus nach Wallbach.

 A3 bis Ausfahrt Rheinfelden-Ost. Bei der grossen Kreuzung nach rechts und auf der Hauptstrasse bis Möhlin. Parkplätze beim Bahnhof.

 Landeskarten 1:25 000, Blätter 1048 «Rheinfelden» und 1068 «Sissach» – nicht überall gut markiert

 Gemeindeverwaltung
4313 Möhlin
Tel. 061 855 33 33
www.moehlin.ch

 Leicht – entlang des Rheins ist der Weg auch mit Kinderwagen oder sogar Rollstuhl befahrbar.

Fotos: Sören Wolf, Lucas Witwer

Spazierweg am Rhein – auch von sportlichen Rollstuhlfahrern mit «Swisstrac» zu meistern. Der gemütliche Weg am Rhein verläuft aber meist unter dem Blätterdach.

Ein unverwüstlicher Bergfried

Möhlin bietet gleich drei interessante Routen. Die Wanderung von Wallbach nach Möhlin ist ziemlich lang und führt durch den Wald dem Rhein entlang. Der Rundweg am Sunneberg ist ornithologisch sehr interessant. Nebst der Storchenstation besuchen Sie auf dem dritten Ausflug ein Naturschutzgebiet, wo es in künstlichen Teichen nur so von Fröschen wimmelt.

Beginnen Sie Ihre Wanderung dem Rhein entlang in der kleinen Gemeinde Wallbach am Rhein. Sie wandern nach Norden und entscheiden sich nach wenigen hundert Metern, ob Sie weiter der Rheinstrasse folgen (z.B. mit Kinderwagen) oder den schmalen Rheinuferweg unten am Fluss nehmen. Dieser ist landschaftlich reizvoller. Auch der weitere Weg entlang dem Rhein ist wunderschön, dafür lang. Unterwegs erwartet Sie eine schöne Brätlistelle direkt am Fluss. Weil es im Wald kühl ist, eignet sich diese Tour auch für heisse Sommertage. Nach rund drei Stunden Wanderzeit erreichen Sie Bürkli, wo der Möhlin-Bach in den Rhein fliesst. Wer noch mag, unternimmt hier einen Zusatzausflug zum Rhein hinunter. Zum römischen Kastell geht es kurz runter, dann wieder rauf zu den Fischerhütten am Rhein. Mit Kindern besuchen Sie wohl eher das Freibad und dessen Restaurant. Von der Haltestelle Schwimmbad fährt der Bus stündlich zurück zum Bahnhof.

Ihr zweiter Ausflug führt Sie vom Bahnhof aus zur Storchen-

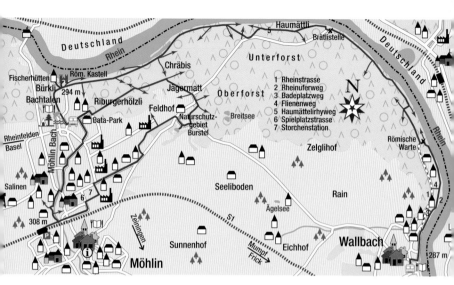

station. Bis zu zehn Störche und ihre Jungen können Sie hier antreffen. Weiter ist die Station noch eine Pflegestation und hält einige Eulen, Käuze (Steinkauz, Schnee-Eule) und Falken. Weiter gehts durch ein Industriegebiet mit vielen Kühlhäusern und Lastwagen, was als Kontrastprogramm abwechslungsreich sein kann. Keine Sorge: Es hat überall Trottoirs, Sie sind also nicht auf der Strasse!

Im Naturschutzgebiet beim Feldhof kann man zu künstlichen Betonteichen gelangen, in denen es nur so von Fröschen wimmelt. Auf der anderen Strassenseite hat es einen tiefen Trichter mit

einem Teich. Richtung Rhein gehts weiter, Sie schwenken bald wieder um 90 Grad nach Westen und spazieren durchs Riburgerhölzli zum Bata-Gelände. Im Industriepark, der heute unter Heimatschutz steht, entstanden einst die Bata-Schuhe. Sie könnten wieder bei der Haltestelle Schwimmbad in den

Bus steigen oder auf dem Trottoir und auf dem Wanderweg entlang der Bachtele zurück zum Bahnhof spazieren. Unterwegs entdecken Sie nochmals ein Storchennest. Diese Wanderung dauert rund zwei Stunden und sie ist ziemlich eben.

Die Storchenstation besteht seit 1970 und befindet sich eingangs Industriequartier.
Fischerhütte am Rhein (links) und holprige Wege am Sunneberg (rechts).

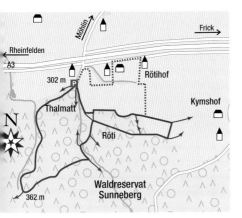

Rundweg am Sunneberg

Der Zusatzausflug ins Waldreservat Sunneberg ist vor allem im Frühjahr spannend, wenn viele Vogelarten hier brüten. Entweder Sie spazieren vom Bahnhof aus (ca. 45 min pro Weg) oder Sie fahren direkt mit dem Auto zum Parkplatz Thalmatt. Im Wald gibt es wenige Bänkli und eine Feuerstelle. Überall zwitschern und singen die Vögel, wer ab und zu einen Moment inne hält und beobachtet, wird vielleicht seltene Tiere entdecken. Nebst einer ganzen Reihe gefiederter Freunde wie der Grünspecht oder Pirol sind hier auch Fledermäuse, der Baummarder und der Hirschkäfer unterwegs. Auch die alten Eichen sind sehenswert, sie zeugen von einer früheren Waldbewirtschaftungsform. Heute gilt der Sunneberg als grösster eichenreichster Laubmischwald des Kantons Aargau. Je nach Vogelbeobachtungen benötigen Sie 1–2 Stunden.

Augusta Raurica

Das imposante Theater ist nicht der einzige Hinweis auf die einst blühende Stadt Augusta Raurica mit ihren bis zu 15 000 Einwohnern. Im Museum können Sie den grössten Silberschatz der Spätantike bewundern, das Römerhaus erzählt Ihnen etwas über den Lebensstil der Römer und im Tierpark leben wie anno dazumal Nutz- und Haustiere. Das archäologische Freilichtmuseum bietet insgesamt etwa 30 Attraktionen.

Spannende Erlebnisse: Mal selber Hand anlegen beim Anfeuern – oder feuern Sie die Gladiatoren bei einem Schaukampf an. Wie wärs mit einem römischen Mühlespiel?

 Mit der S1 bis Kaiseraugst, 20 Gehminuten zum Museum und zu den zentralen Sehenswürdigkeiten

 A2 bzw. A3 bis Ausfahrt Augst, den braunen Wegweisern «Augusta Raurica» bis zu den Besucherparkplätzen folgen

 Mo 13.00–17.00 Uhr, Di–So 10.00–17.00 Uhr, Nov. bis Februar 11.00–17.00 Uhr. 1.1., 24-26., 31.12. geschl.

 Augusta Raurica
4302 Augst
Tel. 061 816 22 22
www.augusta-raurica.ch

 Im Sommer Imbisskiosk beim Theater, Picknick- und Grillplätze beim Amphitheater

Fotos: Augusta Raurica

Faulenzen und Essen wie die Römer ... welches Kind träumt nicht davon, in Augst kann man schon mal probeliegen.

Ab in die Antike – Leben wie die Römer

Augusta Raurica wurde im Jahre 44 v. Chr. als erste römische Kolonie am Rhein gegründet. Die Stadt entwickelte sich rasch zu einem regionalen Zentrum mit Marktplätzen, Theatern, Thermen und Tempeln. Zur Blütezeit lebten und arbeiteten hier bis zu 15 000 Menschen. Im krisengeschüttelten 3. Jahrhundert n. Chr. wurde das einstige Stadtzentrum verlassen und die Armee errichtete in Kaiseraugst ein mächtiges Kastell. Heute haben Sie die Möglichkeit, die alte Pracht aufleben zu lassen und im römischen Alltag, wie er vor 2000 Jahren war, zu versinken. In der grössten archäologischen Freilichtanlage der Schweiz können über 30 Monumente der antiken Stadt besichtigt werden. Nehmen Sie Platz im besterhaltenen antiken Theater Mitteleuropas, erkunden Sie einen 100 Meter langen Abwassserkanal oder lassen Sie sich in einem unterirdischen Brunnenhaus von der besonderen Stimmung verzaubern. Die Funde aus den Ausgrabungen werden im Museum aufbewahrt. Hier kann der berühmte Silberschatz aus Kaiseraugst bewundert werden. Besonders beliebt bei Jung und Alt sind die Augster Römerfeste, die jedes Jahr am letzten Wochenende im August verschiedene Aspekte der wissenschaftlichen Arbeit auf populäre Art und Weise vermitteln. Die bunten, weit über die Region hinaus bekannten Feste locken Tausende von Gästen an.

Ferien Südschwarzwald
Dachsberg Ibach

Südschwarzwald:
Wander- und Naturgenuss
in Dachsberg und Ibach

132

Im Oberen Hotzenwald

Der Obere Hotzenwald – die Landschaft um die Erholungsorte Dachsberg und Ibach, 543 – 1200 m. ü. M – ist eine Naturoase für Ruhe- und Erholungssuchende sowie Liebhaber individueller Wandertouren. Zu allen Jahreszeiten hat diese Natur- und Kulturlandschaft ihre ganz besonderen Reize: sei es die tosende Albschlucht Teufelsküche nach der Schneeschmelze oder die sonnenüberfluteten Sommertage auf der weiten offenen Hochebene.

Mineralienmuseum «Gottesehre» in Dachsberg-Urberg, Winterliches Hierbach mit Pfarrkirche (Dachsberg) und ein gut gepflegter Weg ins Moor.

 Basel Bad. Bhf. bis Waldshut mit Regionalbahn, weiter mit dem Bus über St. Blasien bis Dachsberg oder Ibach

 B317 ab Lörach bis kurz vor Mambach, von dort weiter über Todtmoos bis Ibach und Dachsberg.

 Mehr als 2000 Gästebetten in Dachsberg und Umgebung – vom Bauernhof bis zum Wellnesshotel.

 Wanderkarte Dachsberg-Ibach, Wanderkarte St. BlasierLand und Winterkarte St. BlasierLand, erhältlich bei der Tourist-Information und im www.suedschwarzwald-shop.de

 Tourist-Info Dachsberg und Ibach, Rathausstrasse 1 D-79875 Dachsberg Tel. +49 (0) 7672 990511 www.dachsberg.de www.ibach-schwarzwald.de

Fotos: Tourist-Information Dachsberg und Ibach

Herbst am Klosterweiher. Der idyllische See wurde im 18. Jahrhundert als Fischweiher für das Kloster St. Blasien aufgestaut. Im Klosterweiherhof gibts Fischertageskarten.

Entdeckungen im Südschwarzwald

Die typische Südschwarzwald-Landschaft, die nach Süden hin sanft zum Rheintal abfällt, bietet ein ausgedehntes gut beschildertes Wanderwegenetz, darunter auch eine Etappe des Schluchtensteigs Schwarzwald, Themenwege und Lehrpfade, Radwege und E-Bike-Angebote, vernetzte Winterwanderwege, einen Schneeschuhtrail und ein Loipennetz, benannt nach der erfolgreichen Ibacher Langläuferin Steffi Böhler. Geheimnisvolle Hoch- und Niedermoore in zahlreichen Naturschutzgebieten wollen erkundet sein, eine fantastische Fern- und Alpensicht erfreut das Auge, das Museum für Waldgewerbe und Bürstenmacherei und das Mineralienmuseum erinnern an die bäuerliche und bergmännische Vergangenheit der Region. Von Mai bis Oktober erkunden die Naturführer Oberer Hotzenwald Flora und Fauna mit interessierten Gästen, auch individuelle Führungen sind möglich. Eine gepflegte gutbürgerliche Gastronomie und etliche Selbstvermarkter regionaler Produkte bringen die Qualität und Vielfalt des Südschwarzwaldes auf den Teller und ins Glas.

Das Wanderparadies
Eine grosse Auswahl von Wander-, Winter- und Radtouren findet der Gast im Tourenportal auf www.ferienwelt-suedschwarzwald.de,

tipp:

Über den Kaiser-Rudolf-Platz

Ein ruhiger 8,5 Kilometer langer Wald- und Wiesenspaziergang bei dem 250 Höhenmeter zu überwinden sind: Die Rundtour startet im Dachsberger Ortsteil Fröhnd, auf dem Parkplatz bei der Pension Bergfrieden. Der Weg führt hinab ins Tal und gleich wieder hinauf zum Kaiser-Rudolf-Platz mit Florianshütte, Grillstelle und Alpenpanoramatafel. Auch wenn die Alpen nicht zu sehen sind, ist der Ausblick grandios. Im weiteren Verlauf erreicht man den Gustav Heinemann-Weg, benannt nach dem ehemaligen Bundespräsidenten, der hier oft und gerne gewandert ist. Der Ortsteil Wolpadingen wird erreicht. Über den Waldsportplatz, wo immer Ende Juli/Anfang August ein Kohlenmeiler raucht, kommt man zum Ortsteil Ennersbach, von dort weiter über die Schwedenmatt und den Harzhof zurück nach Fröhnd (Wanderzeit: 2 h).

Oben: Bürstenmacher im Ibacher Bürstenmuseum. Unten: Der Klosterweiher ist ein Ort, um sich richtig vom Alltag zu erholen.

Unten: Winter auf dem Kaiser-Rudolf-Platz, der gut zu Fuss zu erreichen ist.

darunter auch die Touren auf dem Ibacher Panoramaweg, dem Dachsberger Bergbauwanderweg und über den Kaiser-Rudolf-Platz auf dem südlichen Dachsberg.

Ibacher Panoramaweg

Auf der Strecke von zwölf Kilometern werden 320 Höhenmeter überwunden. Sie ist bekannt und beliebt wegen ihrer überwältigenden Ausblicke. Gerade im Frühjahr und im Herbst ist das Panorama der Schweizer Alpen zum Greifen nah. Startpunkt ist auf dem Kohlhütteplatz an der Landesstrasse L150 von St. Blasien nach Todtmoos. Durch das Naturschutzgebiet Lampenschweine geht es rund um Oberibach zum Schorrmättleplatz, dann ein Stück über den Schluchtensteig Schwarzwald bis zur Engländerhütte. Unteribach wird umrundet, am Rande des Naturschutzgebietes Kirchspielwald wird über die Höhen wieder der Ausgangspunkt erreicht (Wanderzeit: 3 h).

Lohnende Wanderziele auf den Schwarzwaldhöhen – inkl. Aussicht zum Feldberg

Bergbauwanderweg Dachsberg

Der Bergbauwanderweg verbindet auf sieben Kilometern (270 Höhenmeter sind zu überwinden) Stätten früheren Bergbaus auf dem nördlichen Dachsberg. Start ist auf dem Rathausplatz im Ortsteil Wittenschwand. Über den Kreuzfelsen mit Alpenpanoramatafel und herrlicher Fernsicht wird der Naturerlebnisplatz Friedrich-August-Grube, der auf dem Gelände eines ehemaligen Silber- und Nickelbergwerks eingerichtet wurde, erreicht. Weiter geht es Richtung Urberg wo im Ortsteil Rüttewies der Bergbaupfad beginnt, der entlang von mittelalterlichen Schürfstellen (Pingen) und Verhauen führt. Die Ortsteile Laithe und Schmalenberg, die passiert werden, waren früher Wohnstätten der Bergleute. Ein Abstecher zum Mineralienmuseum Gottesehre verlängert die Tour um gut zwei Kilometer. Dieses ist von Mai bis Oktober und in den Schulferien donnerstags und sonntags von 14 bis 16 Uhr geöffnet. Hinter Schmalenberg geht es den Wald hinunter, über die Wiesen wieder hinauf an einer Kapelle aus dem frühen 17. Jahrhundert vorbei zum Ausgangspunkt (Wanderzeit: 2 h).

Treffpunkt für Geniesser

Wie Inseln tauchen die Rebterrassen von Kaiserstuhl und Tuniberg aus der Oberrheinebene auf. Für kostbare Gaumenfreuden und wunderbare Naturerlebnisse ist die wärmste Region Deutschlands weithin bekannt. Das Leben in den kleinen Städten und idyllischen Winzerdörfern ist vom Weinbau geprägt, weshalb es auch viele spannende Freizeitangebote hierzu gibt.

Üsenberger Hof mit Vorderösterreichmuseum in Endingen, herbstlicher Kaiserstuhl mit dem Schwarzwald im Hintergrund und das Stadttor Burkheim in Vogtsburg i.K.

 Mit dem ICE von Basel nach Freiburg im Breisgau, weiter mit der S-Bahn bis Breisach am Rhein

 A5 Basel–Frankfurt bis Ausfahrt E35 bei Hausen, weiter über die B31 bis Breisach bzw. die Orte der Region Kaiserstuhl-Tuniberg

 Auf der Webseite der Tourismusinformation können Sie Ihre Wünsche eingeben und leicht eine Unterkunft finden.

 Kaiserstuhl-Tuniberg
Information, Marktplatz 16
D-79206 Breisach am Rhein
Tel. +49 (0) 7667 940155
info@kaiserstuhl.cc
www.kaiserstuhl.cc

 Zahlreiche Heimat- und Dorfmuseen, Kunsthalle, Kräuterhof, Korkenzieher-Museum u.a.

Fotos: Kaiserstuhl-Tuniberg Tourismus

Viel Kultur für Geniesser – zum Beispiel der Marktplatz in Endingen – ein Ort um Abstand vom Alltag zu gewinnen und ein gutes Glas Wein zu degustieren.

Freizeitaktivitäten im Weinbaugebiet

Weinberg- und Kellereiführungen, Traktorrundfahrten und Weinproben, bei denen man viel über die Arbeit von Winzern und Kellermeistern erfährt. Eine Übersicht der Aktivitäten rund um Kultur, Natur und regionale Genüsse findet man im Erlebniskalender Kaiserstuhl-Tuniberg.

Wer an Flora, Fauna, Geologie und Geschichte der Region interessiert ist, kann sich auf Exkursion mit den qualifizierten Kaiserstühler Gästeführern begeben. Weitere Tipps und Informationen erhält man im Naturzentrum Kaiserstuhl in Ihringen. Aber auch auf eigene Faust kann die Region erkundet werden, da ein weites, gut ausgeschildertes Wegenetz mit über 500 Kilometern Wander- und Themenpfaden zur Verfügung steht. Besonders empfehlenswert sind dabei der Burgunderpfad am Tuniberg sowie der zertifizierte «Kaiserstuhlpfad», der seit 2010 zu den ausgewählten Qualitätswanderwegen Deutschlands zählt.

Radfahrbegeisterte finden in der Region zudem 190 Kilometer ausgeschilderte Fahrradwege. Genussradler können dabei auf dem 65 Kilometer langen Kaiserstuhl-Radwanderweg die Region erkunden. Sportlich Ambitionierte kommen auf der «Kaiser-Tour» durch die Weinberge und über die Höhen des Kaiserstuhls auf ihre Kosten.

Kaiserstuhlradweg

Der Radweg für Genussradler führt rund um den Kaiserstuhl und über den Tuniberg. Die rund 65 Kilometer lange Strecke verläuft durch Rebberge, Obstanlagen und die Auenlandschaft am Rhein, passiert die reizvollen Weinbauorte und bietet immer wieder beeindruckende Rundblicke.

Weniger Trainierte können im Rebenland mit dem E-Bike auf Tour gehen. Sie finden ein flächendeckendes Netz mit Verleih- und Akkuladestationen und vier ausgeschilderte E-Bike-Routen. Die Region bietet rund ums Jahr eine Vielzahl interessanter Veranstaltungen: Weinfeste und offene Winzerkeller von Ostern bis Ende Oktober, Kunsthandwerksmärkte, Freilichttheater, Stadtspiele und Führungen im Kostüm, Kellerei- und Weinbergführungen, kulinarische Weinproben, Fasnachtsumzüge, Weihnachtsmärkte und vieles mehr. Unter der Marke «Kaiserlich geniessen» erwartet Sie eine Vielfalt an Produkten von regionalen Erzeugern, z.B. Wein, Öle, Säfte, Senf, Walnusstorte, Honig, Edelbrände, Seifen und vieles mehr.

Oben: Erholsame und ebene Radtour am Rhein bei Breisach
Unten: Eichertkapelle, eingebettet in den herbstlichen Weinberg, bei Sasbach

Ausflug mit Weitblick: Eichelspitzturm bei Eichstetten

In der wärmsten Region Deutschlands können auch wilde Orchideen gedeihen.

Kaiserstuhlpfad

Zertifizierter Qualitätsweg «Wanderbares Deutschland»

<u>Länge/Dauer:</u> 21,7 km Weglänge, ca. 6 Std. Gehzeit;

<u>Wegbeschaffenheit:</u> Grossteils naturbelassene Wege, nutzerfreundliche Markierung, Vernetzung mit anderen Wanderwegen

<u>Ausgangspunkt:</u> Endingen a.K.

<u>Ziel:</u> Ihringen a.K.

<u>Charakter:</u> Abwechslungsreiches Landschaftsbild, wechselndes Höhenprofil, ganzjährig begehbar, Ausdauer erforderlich. Für den geübten Wanderer ist der Weg eine gute Tagesleistung. Für einen erweiterten Spaziergang lässt sich der Kaiserstuhlpfad in einzelnen Abschnitten erwandern. Vogtsburg-Bickensohl ist ein gut geeigneter Startpunkt für eine Halbtagestour.

<u>Strecke:</u> Endingen – Erletal – Katharinenkapelle – Eichelspitzturm – Vogelsang-Pass – Neunlindenturm – Eichgasse – Vogtsburg-Bickensohl – Jägerbuck – Lenzengasse – Ihringen

<u>Tourenbeschreibung:</u> Der Kaiserstuhlpfad führt durch die einzigartige Landschaft im Naturgarten Kaiserstuhl – durch Weinberge, Laubwälder, Lösshohlgassen und Naturschutzgebiete. Von den Aussichtspunkten Katharinenberg, dem Eichelspitzturm und dem Neunlindenturm ergeben sich eindrucksvolle Ausblicke zum Schwarzwald und den Vogesen.

<u>ÖV-Anbindung:</u> Die Einstiegsorte Endingen oder Ihringen sind täglich in regelmässigem Takt mit der Bahn (Breisgau-S-Bahn und Kaiserstuhlbahn) erreichbar.

Wirtschaft **❚** Tourismus
Villingen-Schwenningen

Schwarzwald:
Ein Wochenende in
Villingen–Schwenningen

140

Doppelt gut!

Kennen Sie Villingen-Schwenningen, die Kulturstadt im Schwarzwald? Die Stadt mit dem Doppelnamen ist zweifellos eines der reizvollsten Ausflugsziele im Dreiländereck Deutschland-Frankreich-Schweiz. Am Rande des Mittleren Schwarzwaldes gelegen, ist Villingen-Schwenningen der Natur ganz nah und bietet viel Abwechslung im Grünen. Für Wanderer ist die Stadt ein idealer Ausgangspunkt, um sich auf den Weg zu machen.

Gemütliches Beisammensein auf dem Muslenplatz in Schwenningen (links), das Bickentor in Villingen (rechts) und Blick vom Münsterturm (unten)

 Tourist-Info & Ticket-Service
Villingen
Rietgasse 2
D-78050 Villingen-
Schwenningen
Tel. +49 (0) 7721 / 82-2340
Tourist-Info & Ticket-Service
Schwenningen
Bahnhof Schwenningen
D-78054 Villingen-
Schwenningen
Tel. +49 (0) 7720 / 82-1208/09
www.tourismus-vs.de

 Mit dem ICE von Basel nach Offenburg, weiter mit dem IRE Richtung Immendingen bis zum Bahnhof Villingen

 B317 ab Lörach bis Feldberg/Titisee, weiter auf der B31 bis Hüfingen und auf der B27 nach Villingen-Schwenningen

 Vielfältige Übernachtungsmöglichkeiten: vom gediegenen Hotel bis zum Jugendzeltplatz

 Franziskanermuseum, Münster «Unserer Lieben Frau», Münsterbrunnen, Bickentor, Romäusturm

Fotos: Wirtschaft und Tourismus Villingen-Schwenningen GmbH (WTVS)

Links: Narro und Morbili bei der schwäbisch-alemannische Fasnet
Rechts: Der neue Quellstein der Neckarquelle im Stadtbezirk Schwenningen

Zwei interessante Stadtbezirke

Der Stadtbezirk Villingen ist berühmt für seine romantische mittelalterliche Innenstadt mit vielen Kirchen und Klöstern, dem pracht-
vollen Münster und der trutzigen Stadtmauer mit mächtigen
Wehr- und Tortürmen. Im Franziskanermuseum findet man die
bedeutendste volkskundliche Schwarzwaldsammlung und mit dem
keltischen Fürstengrab vom Magdalenenberg die grösste hallstatt-
zeitliche Grabkammer Mitteleuropas. Brauchtum wird in Villingen
gross geschrieben: Seit vielen Jahrhunderten feiert man hier die
schwäbisch-alemannische Fasnet. Der Höhepunkt wird in der
«5. Jahreszeit» erreicht.
Im Stadtbezirk Schwenningen dagegen hat der Neckar seinen
Ursprung. Er fliesst aus dem Schwenninger Moos, einem 4000
Jahre alten, geheimnisvollen Hochmoor, vorbei an der Eishockey-
Hochburg «Helios-Arena» zu seiner offiziellen Quelle und schlängelt sich dann durch die nahe gelegene Innenstadt. Diese versprüht
den nostalgischen Charme eines schmucken Bauerndorfs, das sich
einst zum Weltzentrum der Uhrenindustrie entwickelte und nach
wie vor nicht nur architektonisch von ihr geprägt ist. Schwenningen ist weltoffen und jung geblieben, hier gibt es bedeutende
Bildungs- und Kultureinrichtungen.

Wanderung rund um das Schwenninger Moos

Das über 4000 Jahre alte Schwenninger Moos können Sie auf einem 3,5 km langen Rundgang unmittelbar erleben. Lernen Sie mehr über den «Lebensraum Moor» und entdecken Sie manch seltene Moorpflanze oder beobachten Frösche und Vögel in ihrer natürlichen Umgebung. Am Schwenninger Eisstadion gibt es für Autofahrer einen ideal gelegenen Parkplatz. In wenigen Minuten kommt der Besucher vom Parkplatz ins Moos zum Informationspavillon. Hier können Sie sich anhand informativer Tafeln einen ersten Überblick über das Moos verschaffen.

Am Pavillon geht es über eine kleine Brücke, die den Moosbach überspannt. Hier sehen Sie auch die erste von einer ganzen Anzahl Sperren, die dafür sorgen, dass genug Wasser im Moos bleibt. Dann geht es auf dem neuen Bohlenweg weiter. Ihr Weg führt jetzt direkt an den offenen Wasserstellen entlang. Vorbei am neuen Moosweiher stösst man auf den Ostweg. Diesem folgen Sie nach links. Bevor Sie den Ostweg verlassen, können Sie auf einem Bohlenweg mit einer Aussichtsterrasse einen Blick von dieser Seite auf das Moos werfen. Danach wandern Sie weiter und verlassen den Ostweg nach links. Auf Ihrem Weg ums Moos halten Sie sich stets links und kommen so wieder zum Informationspavillon und auf bekanntem Wege zum Ausgangspunkt zurück.

Vor den Toren der Stadt können Sie rund ums Schwenninger Moor wandern – und dabei das Quellgebiet des Neckar besser kennenlernen.

Durch die historische Innenstadt Villingens

Der Rundgang durch den Stadtbezirk Villingen beginnt beim Tourist-Info & Ticket-Service, der im ehemaligen Franziskanerkloster, indem auch das jetzige Franziskaner Konzerthaus zusammen mit dem Franziskanermuseum, untergebracht ist. Weiter geht es zum Riettor, dem westlichen Stadttor. Rechts daneben führt ein schmales Gässchen in die Kanzleigasse, von der Sie über die Schulgasse zur Benediktinerkirche gelangen. Zurück zur Kanzleigasse führt der Weg nach links vorbei am Alten und Neuen Rathaus über den Münsterplatz auf dem sich das imposante Münster «Unserer Lieben Frau» mit Münsterbrunnen erhebt. Durch eine schmale Gasse hinter dem Münster gelangen Sie auf die Obere Strasse. Am Ende steht das Obere Tor. In Richtung Innenstadt kommen Sie zur grossen Strassenkreuzung, dem einstigen Marktplatz. Von der Kreuzung aus in die Bickenstrasse: Hier erreichen Sie das letzte der drei noch erhaltenen Stadttore – das Bickentor mit angebautem Bickenkloster. Der weitere Verlauf des Rundgangs führt Sie am Kaiserturm (Wehrturm von 1372), Pulverturm, am Standbild des Grafen Berthold (Begründer der Stadt), dem einstigen Kapuziner-Kloster und dem mächtigen Romäusturm (einem ehemaligen Geschützturm mit einem Grossgemälde des Lokalhelden «Romäus») entlang, bis Sie wieder am Tourist-Info & Ticket-Service ankommen.

Links: Der 1989 erbaute Münsterbrunnen ist ein Meisterwerk des Schwarzwälder Künstlers Klaus Ringwald. Rechts: Das Obere Tor in der historischen Innenstadt von Villingen, eines von drei noch bestehenden Toren.

Fotos: Wirtschaft und Tourismus Villingen-Schwenningen GmbH (WTVS)

Phillipe Cruz und Loi To
Basel und Umgebung Nachmittags-Ausflüge:
mit 30 Halbtages-Wanderungen

ISBN 978-3-906691-66-4
© 2013 by Edition Lan AG
CH-8344 Bäretswil
www.editionlan.ch
1. Auflage 2013

Die Deutsche Nationalbibliothek verzeichnet diese Publikation in der
Deutschen Nationalbibliographie; detaillierte bibliografische Daten sind
im Internet über http://dnb.d-nb.de abrufbar.

Kartografie: Phillipe Cruz